LES IDIOMES

NÉGRO-ARYEN ET MALÉO-ARYEN

ESSAI D'HYBRIDOLOGIE LINGUISTIQUE

PAR LUCIEN ADAM

CONSEILLER A LA COUR D'APPEL DE NANCY

PARIS

MAISONNEUVE ET Cie, LIBRAIRES-ÉDITEURS

25, QUAI VOLTAIRE, 25

1883

LES IDIOMES

NÉGRO-ARYEN ET MALÉO-ARYEN

ESSAI D'HYBRIDOLOGIE LINGUISTIQUE

INTRODUCTION

Pendant un séjour de trois années que j'ai dû faire à Cayenne, en qualité de magistrat, j'avais appris à parler suffisamment le créole, mais ne m'occupant point alors de linguistique, je m'en étais tenu à la pratique de l'idiome local, dans lequel je ne voyais qu'un jargon sans importance.

J'étais demeuré sous l'empire de ce préjugé, quand le hasard d'une lecture me fit découvrir, dans l'analyse sommaire de quelques langues de la Guinée par M. Fried. Müller, l'explication très nette des formes verbales guyanaises. Après m'être assuré que les nègres de nos colonies américaines intertropicales sont originaires de cette partie du continent africain, je m'occupai de réunir les documents dont j'avais besoin pour mesurer la profondeur de l'analogie grammaticale qui venait de me sauter aux yeux. Je trouvai, à la bibliothèque publique de Nancy, un volume des publications de l'Institut Smithsonien renfermant, à la suite d'une monographie sur les algues de l'Amérique du Nord, la grammaire yoruba du Rév. T. J. Bowen (1). Mon ami, M. Leclerc, me communiqua la grammaire de l'un des dialectes de la langue odschi par M. Riis (2).

Enfin, je me procurai deux ouvrages consacrés aux soi-disant patois créoles de la Guyane (3) et de l'île anglaise de la Trinidad (4).

J'aurais voulu pouvoir joindre à ces documents tous ceux qu'indique M. Fried. Müller (5), mais en province, il faut savoir se passer des moyens d'information qui surabondent dans les riches bibliothèques de la capitale.

Quoi qu'il en soit, les documents sur lesquels j'ai travaillé m'ont fourni assez de faits probants pour que j'ose avancer, sans crainte d'être jamais convaincu d'erreur totale, que les soi-disant patois créoles de la Guyane et de la Trinidad constituent

(1) *Grammar and Dictionnary of the Yoruba language*, by the Rev. T. J. Bowen. Washington, 1858.

(2) *Elemente des Akwapim-Dialekts der Odschi-Sprache*, von H. N. Riis. Basel, 1853.

(3) *Introduction à l'histoire de Cayenne*, par Alfred de Saint-Quentin ; — *Étude sur la grammaire créole*, par Auguste de Saint-Quentin. Paris, Maisonneuve, 1872.

(4) *The theory and practice of Creole grammar*, by J.-J. Thomas. Port-of-Spain, 1869.

(5) *Grundriss der Sprachwissenschaft*. T. I, p. 88.

des dialectes négro-aryens. J'entends par là que les nègres guinéens, transportés dans ces colonies, ont pris au français ses mots, mais qu'ayant conservé, dans la mesure du possible, leur phonétique et leur grammaire maternelles, ils ont fait du tout des idiomes *sui generis* ne présentant aucun des caractères propres à nos patois de France. Une telle formation est à coup sûr hybride, mais ces idiomes n'en constituent pas moins des dialectes nouveaux à classer, nonobstant la nature aryenne de leurs vocabulaires, à la suite des langues de la Guinée.

En Europe, le parler créole est universellement considéré comme un jargon enfantin. Mais un Guyanais, M. Aug. de Saint-Quentin, a eu de la vérité une intuition confuse. « L'étude que nous publions, dit-il, présente, dans leur ensemble et dans leurs détails, les éléments de ce langage étrange à plus d'un point de vue. Éclos, il y a moins de deux siècles, au milieu d'un groupe d'hommes touchant encore à la barbarie, formé de mots qui leur étaient inconnus, sans calcul, sans raisonnement, d'instinct pour ainsi dire, il a cependant revêtu immédiatement des formes absolues et d'une logique rigoureuse. Le créole d'aujourd'hui est identique à celui qu'on parlait déjà au milieu du siècle dernier. Ainsi, c'est un produit spontané, aussi hâtif qu'inconscient, de l'esprit humain dépourvu de toute culture intellectuelle. A ce titre seul, il paraîtrait déjà très remarquable à celui qui y découvrirait autre chose qu'un amas confus d'expressions françaises déformées, mais, lorsque l'on étudie attentivement les règles de sa syntaxe, on est tellement surpris, tellement charmé de leur rigueur et de leur simplicité, que l'on se demande si le génie des plus savants linguistes aurait pu rien créer qui satisfît aussi complètement à son objet, qui imposât moins de fatigue à la mémoire et moins d'effort aux intelligences bornées (1). »

La grammaire dans laquelle M. de Saint-Quentin voit un produit spontané et hâtif, n'est autre que la grammaire générale des langues de la Guinée, c'est-à-dire de langues auxquelles on peut donner la qualification de *naturelles*, par opposition aux langues *cultivées*. Or, de même qu'aux yeux du botaniste, les plantes naturelles ont sur les plantes cultivées la supériorité de constituer des produits francs, exempts de toute adultération intentionnelle, de même, aux yeux du linguiste, les idiomes des peuples réputés sauvages ont cette primauté sur les langues des peuples civilisés, que leur grammaire se rapproche davantage de la grammaire instinctive dont le parler des enfants nous révèle les procédés simples, logiques et rapides. A cet égard, M. de Saint-Quentin a vu juste. La grammaire du parler négro-aryen est plus *naturelle* que celle du sanscrit, du latin, du français. Mais elle

(1) Aug. de Saint-Quentin, p. LVIII et suiv.

n'est point éclose spontanément à la Guyane, elle y a été importée d'Afrique. Avec elle, les nègres y ont introduit leur phonétique; c'est pourquoi ils ont déformé le plus grand nombre des mots français que les impérieuses nécessités de l'esclavage les avaient contraints d'adopter.

Informé, au cours de mes recherches, que la maison Berger-Levrault avait édité, en 1880, une *Étude sur le patois créole mauricien* par M. Baissac, j'ai pu constater que la phonétique et la grammaire de ce troisième idiome colonial sont de provenance malgache (1), et que le parler de l'île Maurice constitue, non pas une langue malgache-aryenne, mais bien une langue maléo-aryenne dont la phonétique est malgache.

On sait que la langue de Madagascar fait partie de celui des trois groupes de la grande famille maléo-polynésienne qui possède les formes les plus développées, et que ce développement consiste en un système de particules affixées aux radicaux thématiques, de manière à former avec ceux-ci autant de mots dans lesquels certains éléments de

(1) J'ai eu à ma disposition, pour l'étude du malgache, les trois ouvrages suivants:

Grundriss der Sprachwissenschaft, t. II, seconde partie.

Essai de grammaire madekass, par M. Chapelier. (*Voyage de découvertes de l'*Astrolabe, t. XII.

Grammaire malgache, fondée sur les principes de la *Grammaire javanaise*, par Marre-De Marin (*sic*), professeur de langues orientales. Paris, Maisonneuve, 1876.

relation se trouvent étroitement unis à l'élément de signification. Or, par suite des nécessités de leur condition servile, les nègres de Madagascar transportés à Maurice ont dû adopter le vocabulaire français. Ils ont donc, fatalement, aliéné leurs formes grammaticales caractéristiques par cela seul qu'ils substituaient des mots français aux mots malgaches. Il est d'ailleurs évident que les affixes ne pouvaient être adaptés à ces mots nouveaux. Conjugué à la malgache, le verbe ***touyé*** « tuer » eût été inintelligible pour les maîtres: ***man-touyé*** ou ***mi-touyé mo*** je tue; ***nan-touyé*** ou ***ni-touyé mo*** j'ai tué; ***han-touyé*** ou ***hi-touyé mo*** je tuerai, etc.

Cependant, les habitudes grammaticales des nègres s'opposaient à ce qu'ils adoptassent la grammaire de la langue française. M. Baissac dit à ce sujet: « Moins encore que les barbares germains à l'heure où la conquête les établissait sur la terre romaine, nos esclaves n'étaient aptes à se servir de l'outil délicat qu'une civilisation vieille de douze siècles avait lentement perfectionné pour son usage. Ces rapports exacts de mots entre eux, ce luxe de modifications dans leur forme ou leur désinence, suivant leur place ou leur fonction, ces articulations aussi souples que variées entre les différentes parties de la proposition ou les différents membres de la phrase, tous ces ressorts, tous ces rouages, autant d'entraves qu'ils devaient nécessairement briser et qu'ils brisèrent. Ainsi désagrégée par des mains malhabiles, la proposition française laissa tomber un à un tous ses mots, et, dans son impuissance à les rattacher entre eux par quelque lien nouveau, le créole, se fiant sur leur récente cohésion, se borna à les remettre sommairement debout, côte à côte et vaille que vaille, dans l'ordre même où les avait placés le français. »

Cette explication des formes grammaticales du créole mauricien n'est point acceptable. En effet, si les nègres avaient adopté la grammaire des colons, en même temps qu'ils leur empruntaient leur vocabulaire, le créole serait devenu un jargon, mais le genre n'eût point été aboli, surtout dans les pronoms de la troisième personne ; le verbe aurait conservé inconsciemment l'une ou l'autre des flexions du pluriel ; l'auxiliaire « avoir » et le verbe substantif n'eussent point été éliminés, etc. En réalité, les esclaves malgaches ont importé à Maurice leur grammaire maternelle, moins les formes dont j'ai parlé précédemment. C'est qu'à côté de ces formes, produit d'une évolution qui ne s'est point faite dans les langues des groupes polynésien et mélanésien, le malgache a conservé sa grammaire initiale, commune aux langues des trois groupes, et que sur le sol de Maurice, celle-ci a repris tout son empire. C'est pourquoi le parler mauricien constitue, ainsi que je l'ai dit, un dialecte maléo-aryen dont la phonétique seule est malgache.

Comme les nègres de la Guyane et de la Trinidad,

les nègres de l'île Maurice ont plié le vocabulaire français aux lois de leur phonétique, et, dans cette accommodation, non moins que dans la substitution de leur grammaire à celle du français, ils ont déployé une force de résistance comparable, au moins dans une certaine mesure, à celle des populations anglo-saxonnes qui, après la conquête normande, ont fait prévaloir leur grammaire et leur phonétique sur la grammaire et sur la phonétique des conquérants.

Ainsi, par trois fois au moins, si les vainqueurs, si les maîtres ont imposé tout ou partie de leur vocabulaire, les vaincus, les esclaves ont maintenu contre eux ce qui constituait réellement leur langue : la phonétique et la grammaire.

Ces faits pleinement historiques sont d'une importance considérable, car ils font toucher du doigt que les rapprochements de mots chers à l'ancienne école, sont dénués de toute valeur scientifique aussi longtemps qu'ils n'ont pas été confirmés par des concordances phonétiques et par des similitudes grammaticales, vérité fondamentale sur laquelle on ne saurait trop insister, par la raison que, dans les temps préhistoriques, bien des langues ont pu se former, comme les idiomes négro-aryen et maléo-aryen, l'anglais moderne, le caraïbe [1], à la suite

[1] *Du Parler des hommes et du Parler des femmes dans la langue caraïbe*, par Lucien Adam. Paris, Maisonneuve 1879.

de conquêtes, d'asservissements, d'unions exogamiques, de migrations forcées ou volontaires.

J'irai plus loin. Il est, dans la Science, un problème qui n'a point encore été résolu, je veux parler du passage de toutes les langues aryennes anciennes de l'état synthétique à l'état analytique, évolution qui contraste singulièrement avec la fixité des langues sémitiques. Or, les tribus originaires du plateau de Pamir ont successivement émigré dans toutes les directions, s'implantant au milieu de populations anaryennes qui parlaient d'autres langues, les soumettant par la force de leurs armes et, à la longue, se les assimilant. N'est-on pas fondé à se demander si le passage de la synthèse à l'analyse n'a point eu pour cause, partiellement au moins, l'effort instinctif des vaincus qui, ayant adopté la langue des vainqueurs, ont maintenu leur grammaire propre dans des patois qui ne nous sont point parvenus, dans des parler ruraux analogues à ce latin rustique d'où les langues romanes sont issues? M. Michel Bréal a mis en lumière que l'altération de la prononciation signalée par M. Corssen et l'énergie toujours croissante de l'accent tonique sont « des causes secondes, qui, à leur tour, ont besoin d'être expliquées par une cause d'un autre ordre » (¹). Cette cause d'un autre ordre, l'éminent linguiste la trouve dans l'ébranlement

(¹) *La Forme et la Fonction des mots*, par Michel Bréal. Paris, 1878.

causé aux désinences casuelles par les prépositions employées depuis un temps immémorial. « Conservées par la société polie et dans la langue écrite, les désinences devinrent incertaines et s'effacèrent peu à peu dans l'usage populaire. » Sans doute, mais au moment où se produisit cet effacement, le *peuple* se composait en majorité de provinciaux, d'Italiens auxquels la phonétique romaine était insupportable et qui l'altéraient. Est-il certain que ces descendants des vaincus, plus ou moins assimilés par les vainqueurs, n'avaient point conservé, dans les provincialismes de leur méchant latin quelques traces grammaticales des idiomes anaryens parlés par leurs ancêtres? Je n'ose aller au delà de ces points d'interrogation, mais j'ai le pressentiment qu'un jour l'étude de l'hybridologie linguistique rendra à la science plus d'un service.

Nancy, 22 janvier 1883.

LUCIEN ADAM.

P.-S. — Au moment de livrer ces pages à l'impression, je trouve, dans un article écrit par M. Julien Vinson [1], l'intuition de la nature véritable des patois créoles :

« Le créole diffère de nos patois précisément par son caractère artificiel (lisez : hybride); le patois

[1] *Étude sur le patois créole mauricien*, par M. C. Baissac (*Revue de Linguistique*, t. XIV, p. 415).

est un langage naturel antérieur, latéral, secondaire au langage littéraire ; le créole est *l'adaptation du français, de l'anglais, de l'espagnol, au génie pour ainsi dire* PHONÉTIQUE ET GRAMMATICAL d'une race linguistiquement inférieure. Les mots sont profondément altérés; la grammaire est extrêmement simplifiée. Nulle part cette adaptation n'a pris un caractère plus original que dans les colonies, où elle s'est faite par et pour les esclaves nègres d'Afrique, c'est-à-dire principalement aux Antilles, à la Réunion et à l'île de France. »

LE
PARLER NÉGRO-ARYEN

PHONÉTIQUE.

Les premiers nègres qui furent transportés de la côte de Guinée à la Guyane et dans l'île de la Trinidad, échangèrent leur vocabulaire africain contre celui de leurs nouveaux maîtres. Mais, sous l'empire des habitudes phonétiques et grammaticales contractées dans la mère patrie, ils firent subir à la plupart des mots qu'ils adoptaient, d'ailleurs *de auditu*, des changements dont l'ensemble permet de reconstituer la phonétique générale des dialectes guinéens parlés par eux antérieurement à leur transportation.

Le lexique du créole guyanais serait exclusivement français si des partis d'Indiens qui se réfugièrent anciennement dans notre Guyane, pour échapper à la brutale domination des conquérants lusitaniens, n'y avaient pas introduit quelques mots portugais, et si les colons eux-mêmes n'avaient pas emprunté aux Galibis un certain nombre de noms d'animaux, de plantes, d'ustensiles. De mots africains, M. Aug. de Saint-Quentin n'en connaît qu'un seul qui soit, dit-il, authentique. « Lorsqu'il arrive à un nègre de heurter quelqu'un involontairement, la politesse veut qu'il s'excuse en disant : *Ago!* D'où le proverbe : « *Ago pas guéri maleng,* l'excuse ne guérit pas le mal. » Or, le chevalier des Marchais raconte, dans son *Voyage en Guinée et à Cayenne* (¹) : « que le roi de Juida est fort jaloux ; lorsqu'un de ses sujets frôle en passant une de ses femmes, si c'est involontairement, on le vend comme esclave, si c'est volontairement, il est enterré vif. Aussi, ajoute-t-il, les hommes qui veulent entrer dans les cours du palais, où l'on rencontre les femmes du roi plus souvent qu'ailleurs, ne manquent pas de crier plusieurs fois : *Ago*, c'est-à-dire : Gare ! Prenez garde ! Le sens de ce mot s'est un peu altéré en créole, mais l'étymologie est incontestable (²). »

A ce témoignage historique, je joindrai un témoignage plus probant et très précieux au point de vue ethnographique, c'est que dans la langue yoruba, *ágo* signifie littéralement : *get out of the way* (³) !

Dans l'île de la Trinidad, la conquête espagnole et la conquête anglaise ont successivement agrémenté d'un certain nombre de mots castillans et britanniques, le vocabulaire demeuré jusqu'à ce jour foncièrement français.

VOYELLES.

Les voyelles neutres *e* (*eu, œu*) et *u* étaient étrangères à la phonétique des idiomes parlés par les nègres, car l'une et l'autre ont été régulièrement remplacées dans les mots français.

VOYELLE *e* (*eu, œu*).

L'*e* non muet et les prétendues diphtongues *eu, œu* ont été remplacés : à la Guyane, par *i, é, è, o, ó, ou* ; — à la Trinidad, par *i, é, è, o, ou*.

Parler de la Guyane : *pitit* petit, *chimin* chemin, *dimain* demain, *di* de, *chivé* cheveu, *simaine* semaine, *misou* me-

(¹) Tome II, p. 78.
(²) *Introduction à l'Histoire de Cayenne, etc.*, p. 191.
(³) *Dictionary of the Yoruba language*, p. 11.

sure, *lafinète* fenêtre, *diviné* deviner, *jité* jeter; *vié* vieux, *prémiè* premier, *agyé* adieu, *difé* feu, *héré* heureux, *ronté* honteux, *yé* eux, *mouché* monsieur; *pè* peur, *lakyo* queue, *péchò* pécheur, *mentò* menteur, *vòlò* voleur, *lòdò* odeur, *qyò* cœur, *sò* sœur, *pimigno* meilleur (plus meilleur); *chouval* cheval, *doumandé* demander, *parsou* paresseux.

Parler de la Trinidad : *pitit* petit, *dimane* demande, *di* de, *ritou* retour, *simaine* semaine, *rifè* refaire, *jinisse* génisse, *silon* selon, *nivé* neveu, *difé* feu, *héré* heureux, *vié* vieux, *lévé* lever, *laqué* queue, *chalè* chaleur, *flè* fleur, *pè* peur, *dansè* danseur, *mènen* mener, *gyole* gueule, *chouval* cheval, *douvant* devant, *soucou* secours, *jounou* genou.

M. Fried. Müller ne fait pas figurer la voyelle *e* dans le tableau vocalique des langues du groupe Èwe, Ga, Odschi, Yoruba. Cependant, le yoruba posséderait, suivant M. Bowen, une voyelle neutre dont le son serait identique à celui de l'*u* et de l'*o* dans les mots anglais « but, mother ». D'autre part, M. Riis prête à l'akwapim, dialecte odschi, une voyelle ayant la valeur de *ö* allemand.

VOYELLE *u*.

Cette voyelle est remplacée : à la Guyane, par *ou*, *i* ; — à la Trinidad, par *ou*, *i*, *o*.

Parler de la Guyane : *oune* un, *dou* dur, *misou* mesure, *lasous* sur (là-dessus), *jouque* jusque, *larie* rue, *quilotte* culotte, *lamorie* morue, *limé* allumer, *mi* mur, *tribinal* tribunal, *misé* muser, *pis* plus, *di* du.

Parler de la Trinidad : *jouque* jusque, *mouéte* muet, *quouler* reculer, *pliché* éplucher, *tribilent* turbulent, *miéte* muet, *bossi* bossu, *plis* plus, *di* du, *yone* un.

Le son *u* se rencontre dans l'akwapim, mais non dans les autres langues ou dialectes du groupe.

VOYELLE *O*.

La voyelle *o* est sujette à être remplacée par *ou* sous l'influence des nasales *m*, *n*.

Parler de la Guyane : *coumencé* commencer, *coument* comment, *cou* comme, *moune* quelqu'un (monde).

Parler de la Trinidad : *coument*, *moune*, *mounonque* pour *mononque* oncle.

Un phénomène analogue se produit dans plusieurs dialectes du groupe. « In the Egba and some other dialects, *o* long when followed by *ng* and occasionally when preceded by *m* or *n* takes the sound of *ou* long, as *tong* again, *mo* to drink, *ino* within, pronounced and sometimes written : *tung*, *mu*, *inu*. »

DIPHTONGUE *ui*.

Dans les deux dialectes créoles, cette diphtongue se remplace par *oui*, *i*.

P ler de la Guyane : *nouite* nuit, *zouite* huître, *laplie* pluie, *dibrit* bruit, *li* lui.

Parler de la Trinidad : *nouite* nuit, *ensouite* ensuite, *li* lui, *laplie* pluie, *dépis* depuis, *pit* puits.

CONSONNES.

LES ARTICULATIONS *gy*, *qy*, G, CH.

Le créole de Cayenne possède deux consonnes que MM. de Saint-Quentin représentent par *gy*, *qy* et qu'ils définissent en disant de la première : « Le son qui en approche le plus est celui d'un *g* dur suivi d'un *y* consonne, le tout fondu en une seule émission de voix. Ex. : *gyole* gueule » ; — de la seconde :

« Elle est la forte de *gy*. Ex. : qy*émbé* tenir bien, qy*ó* cœur, qy*oulé* reculer. »

A ces deux consonnes guyanaises correspondent, dans le créole de la Trinidad, les deux consonnes que M. Thomas a figurées par *g*, *ch*, imprimées en petites capitales G, CH. La première a la valeur de *g* dans les mots anglais « gypsy, ginger »; — la seconde celle de *ch* dans les mots « chin, cheat ». Ex. : *fiGie* figure, *Guèpe* guêpe, *Gole* gueule, *baGette* baguette, CH*ilotte* culotte, CH*oulé* reculer, CH*inze* quinze, *maCHé* marquer, *baCHé* embarquer, *ranCHinèze* rancunier, etc.

Ces deux paires de consonnes procèdent parallèlement d'articulations africaines figurées en akwapim par les groupes *dy*, *ty*, *gy*, *ky*, dans lesquels la spirante *y* correspond au *j* allemand. En effet, à Cayenne *di* et *ti* mouillés se changent en *gy*, *qy* dans les mots : *agyé* adieu, *bongyé* bondieu, *ingyen* indien, *chougyè* chaudière, *chanqyé* chantier, *qyémbé* tenir bien, *créqyen* chrétien. D'autre part, dans le parler de la Trinidad, où *di* s'est maintenu (*sesadié* adieu, *chaudiè* chaudière, *bondié* bondieu), les mots « tenir bien, tuer, tune (anglais) sont devenus CH*émbé*, CH*oué*, CH*oune*.

LA VIBRANTE *r*.

Dans la langue yoruba, la vibrante ouvre fréquemment soit la première, soit la dernière syllabe d'un mot. Ex.: *radi* récompenser, *rana* sécher au feu, *rè* aller, *ru* se lever, *suru* patience, *sure* bénir, *gafara* excuser, *gbèro* considérer, *idagiri* alarme, *gungrong* reposer, etc. Mais jamais *r* ne ferme une syllabe comme dans les mots français « jour, gourmand ». Jamais non plus, elle ne vient à la suite d'une autre consonne, comme dans les mots « bras, grand, frère ».

Dans le dialecte akwapim, *r* ouvre fréquemment la dernière ou l'avant-dernière syllabe d'un mot, mais jamais la première.

Ex. : *beré* se fatiguer, *akarate* cactus, *ayeforo* la jeune épouse, *eberre* le temps, etc. Elle ne clôt jamais une syllabe comme dans les mots « jour, gourmand », mais elle s'articule avec la plupart des consonnes. Ex. : *bro* frapper, *pra* balayer, *dru* descendre, *kru* le lieu, *vro* ôter, *sra* enduire, etc.

On va voir que les nègres transportés dans les deux colonies parlaient des dialectes intermédiaires entre les idiomes yoruba et akwapim.

Parler de la Guyane : — R finale a été éliminée aussi bien quand elle est suivie de consonnes étymologiques ou d'un *e* muet qu'alors qu'elle sonne isolée. C'est l'application d'une règle commune aux deux idiomes guinéens. Ex. : *co* corps, *fô* fort, *mè* mère, *compè* compère, *misou* mesure, *lamé* mer, *jou* jour, *dou* dur, *chè* cher, *péchô* pêcheur.

Dans les mots terminés en *-tre*, *-dre*, *-vre*, etc., la vibrante a été éliminée, tandis qu'elle demeure lorsque la voyelle finale est sonore. Ex. : *maite* maître, *zouite* huître, *promète* promettre, *conète* connaître, *cende* cendre, *pauve* pauvre, *nègue* nègre, *libe* libre, *canque* cancre, *potron* poltron, *découvri* découvrir, *montré* montrer, *lesprit* esprit, etc.

Comme dans le dialecte akwapim, *r* s'articule avec les autres consonnes. Ex. : *travayé* travailler, *cre* croire, *premie* premier, *couvri* couvrir, etc.

Dans les mots français où elle clôt une syllabe suivie d'une consonne, la vibrante a été ou éliminée ou déplacée de manière à ce qu'elle puisse s'articuler avec la consonne initiale de la syllabe. Ex. : *moceau* morceau, *babe* barbe, *modé* mordre, *pedi* perdu, *gadé* regarder, *palé* parler, *meci* merci, *groumand* gourmand, *froumi* fourmi, *troumenté* tourmenter, *croubé* courber, *dromi* dormir. On trouve néanmoins des mots comme *torné* tourner, *tordé* tordre, *carté* écarter, *parsou* paresseux, *carquiyé* écarquiller. Ces exceptions ont été vraisemblablement introduites à la longue par les nègres affranchis qui se piquaient de parler comme les blancs.

Parler de la Trinidad : — R finale a été éliminée comme à la Guyane. Ex. : *cò* corps, *fò* fort, *fwè* frère, *fwi* frire, *dési* désir, etc.

Pour les mots terminés en *-tre*, *-pre*, *-vre*, etc., la règle est la même qu'à la Guyane. Lorsque la finale *-dre* est précédée d'une voyelle nasale, *dr* s'est éliminé et la nasale sonne. Ex. : *attane* attendre, *fane* fendre, *vane* vendre, *craine* craindre, *fone* fondre, *joène* joindre, *répone* répondre.

Comme à la Guyane, *r* s'articule avec la plupart des consonnes. Ex. : *crédi* faire crédit, *grand* grand, *travayé* travailler. Mais cette règle comporte deux curieuses exceptions : 1° devant les voyelles *o*, *ou*, *r* fait place à *w* ou se syncope. Ex. : *fwomage* ou *fomage* fromage, *fwoté* ou *foté* frotter, *cwochi* ou *cochi* crochu, *gwos* gros, *coè* croire, *twop* trop, *touvé* trouver ; 2° devant toute voyelle autre que *o*, *r* fait place à *w* quand la consonne précédente est l'une des labiales *b*, *p*, *v*, *f*. Ex. : *bwave* brave, *bwèche* brèche, *bwide* bride, *pwix* prix, *fwacassé* fracasser, *fwé* frère, *vwé* vrai, *apwès* après, *souffwi* souffrir, *bouwique* bourrique. Il y a dans la grammaire akwapim, une observation qui met sur la trace de la première de ces deux particularités. Après avoir constaté que la spirante *w* s'articule avec les consonnes *g*, *c*, *k*, *ng*, *h* (ex. : *gwa* dépecer, *cwam* odoriférant, *kwá* sans fondement, *ngwam* oiseau, *hwang* lancer), M. Riis s'exprime ainsi : « Wahrscheinlich ist derselbe *w*, in solchen Lautformen, ursprünglich aus *o* oder *u* entstanden, wie das Adverb *kwá* aus dem Adjektiv *koa* müssig. » Il y avait dans la phonétique de l'idiome propre aux nègres de la Trinidad, une grande affinité entre les voyelles du rayon labial et la semi-consonne du même rayon.

Dans les mots où elle clôt une syllabe suivie d'une consonne, la vibrante a été éliminée. Ex. : *pédi* perdu, *mode* mordre, *zodie* ordure, *palé* parler, *gaçon* garçon, *sépent* serpent, *goumand* gourmand, *fomi* fourmi, *domi* dormir, *pami* parmi, *méci* merci, *fouchette* fourchette, *code* corde, etc.

LA LIQUIDE *l*.

Dans les deux dialectes, la finale *-ble* perd la liquide. Ex. : *capabe* capable, *diabe* diable, *ensembe* ensemble, *aimabe* aimable, *nobe* noble, *sabe* sable, *sensibe* sensible. Dans les deux dialectes également, le groupe *bl-* s'est maintenu au commencement des mots. Ex. : *blé* bleu, *bligé* obligé, *blié* oublier.

La liquide *l* est étrangère à la phonétique de l'akwapim. Dans le yoruba, où cette consonne ouvre un certain nombre de syllabes (*labamole* voleur, *lagba* fouet, *lera* être fort), elle ne s'articule point avec *b*.

L'ASPIRÉE *h*.

A la Guyane, l'aspirée *h* a été souvent remplacée par la vibrante *r*, notamment au commencement des mots. Ex. : *ronté* honteux, *rache* hache, *roue* houe, *raute* haut, *dorò* dehors, *larò* la haut, *rahi* haïr, *ralé* hâler, *rèler* héler.

Je n'ai trouvé dans le créole de la Trinidad qu'un seul exemple de cette substitution : *rades* et *hades* hardes.

Un assez grand nombre de mots ont l'aspirée *h* pour consonne initiale, dans les deux idiomes africains.

LA SIFFLANTE ET LA SIBILANTE SUIVIES DE *i*.

A la Guyane, la sifflante et la sibilante suivies de la voyelle *i* (*ti=si, si, xi=si, si=zi*) se sont chuintées en *ch, j*. Ex. : *finichon* finition, *nachon* nation, *bitachon* habitation, *mouché* monsieur, *déjème* deuxième, *trouajème* troisième.

LES FINALES *se* (*ze*), *ge* (*je*).

A la Trinidad, ces finales ont été remplacées par *ye*. Ex. : *caye* case, *choye* chose, *langaye* langage, *ravaye* ravage.

La finale *ce* (*se*) s'y est chuintée en *che* dans le mot *coriache* coriace.

LA FINALE *ange*.

A la Trinidad, la finale *-ange* s'est parfois changée en *-agne*. Ex. : *zoragne* orange, *archagne* archange.

Il est manifeste que les dialectes guinéens parlés par les nègres transportés à la Guyane et à la Trinidad n'avaient exactement ni la phonétique de l'akwapim ni celle du yoruba, ce qui n'a rien que de très naturel, puisque ces deux idiomes, bien qu'étroitement apparentés, présentent des différences phonétiques assez sensibles.

LEXICOLOGIE.

Les habitudes grammaticales des nègres transportés dans les deux colonies les ont conduits à faire subir, à un grand nombre de mots, tantôt par aphérèse, tantôt par prosthèse, des changements dont l'étude est fort intéressante.

APHÉRÈSE.

A la Trinidad comme à la Guyane, beaucoup de verbes français dont la première syllabe consiste en une voyelle, soit pure, soit nasale, ont perdu cette syllabe.

Parler de la Guyane : *valé* avaler, *trapé* attrapé, *costé* accoster, *rété* arrêter, *rivé* arriver, *vancé* avancer, *limé* allumer, *longé* allonger, *proché* approcher, *plé* appeler, *couté* écouter, *té* été, *carté* écarter, *tranglé* étrangler, *soué* essuyer, *chapé* échapper, *bligé* obliger, *blié* oublier, *baqué* embarquer, *tendé* entendre, *voyé* envoyer, *vlopé* envelopper, etc.

Parler de la Trinidad : *valé* avaler, *véti* avertir, *rivé* arriver, *coché* accrocher, *pécivoè* apercevoir, *bimen* abîmer, *maré* amarrer, *rangé* arranger, *pliché* éplucher, *chapé* échapper, *crasé* écraser, *té* été, *talé* étaler, *clairé* éclairer, *baché* embarquer, *vlopé* envelopper, *voyé* envoyer, *tende* entendre, etc.

Cette aphérèse s'explique aisément par ce fait de grammaire : que dans les langues de la Guinée, la plupart des noms sont formés des verbes par la préfixation d'une sorte d'augment consistant en une voyelle parfois nasalisée. M. Riis dit au sujet de ce procédé : « Die erste und allgemeinste Bedeutung der Verstärkung im Anlaut in der Wortbildung scheint die zu sein, dass durch sie die substantivische Wortform von den Formen der Verbs unterschieden wird. »

C'est évidemment parce qu'ils étaient accoutumés à voir dans la syllabe initiale vocalique un simple augment servant de marque au substantif, que les nègres ont aphérésé, dans les mots français dont il leur fallait user comme de verbes, la syllabe qui, à raison de sa nature vocalique, leur paraissait avoir été préfixée à des noms dérivés. Étant donné, par exemple, le mot français « avaler », ils ont supprimé l'*a* initial, comme en Guinée ils auraient supprimé l'*a* initial de *a-gorro* « jeu » pour faire le verbe *gorro* « jouer ». Une preuve que telle a bien été la cause des aphérèses pratiquées sur les verbes, c'est que le nombre des aphérèses de même nature pratiquées sur les noms, postérieurement et par une fausse analogie a été très peu considérable : — à la Guyane *galité* égalité, *gniame* igname, *batis* abatis, *bitachon* habitation ; — à la Trinidad, *cajou* acajou, *bitation*, habitation.

Pour faire voir que M. Riis a exactement saisi l'objet du

procédé qualifié par lui de renforcement initial, j'emprunte un certain nombre d'exemples à différents vocabulaires guinéens.

Odschi : *a-berre* mur, *berre* mûrir.
a-boadyo paix, *boadyo* être paisible.
a-borro préjudice, *borro* frapper.
a-dyonne pensée, *dyonne* penser.
a-ferre honte, *ferre* avoir honte.
a-saw danse, *saw* danser.
en-da sommeil, *da* dormir.
en-cira bénédiction, *cira* bénir.
en-kai souvenir, *kai* se souvenir.

Yoruba : *a-kpedza* pécheur, *kpedza* pécher.
a-be couteau, *be* couper.
a-dadzo juge, *dadzo* juger.
a-deke menteur, *deke* mentir.
a-fe amour, *fe* aimer.
e-sing cheval, *sing* être rapide.
e-dà créature, *dà* créer.
o-fe siffleur, *fe* siffler.
o-fo perte, *fo* être perdu.
e-we feuille, *we* plier.
on-de prisonnier, *de* lier.

Èwe : *a-du* dent, *du* mordre.
a-fi voleur, souris, *fi* voler.
a-de chasse, gibier, *de* prendre.
e-so cheval, *so* courir.
e-da arc, *da* tirer.
e-wu tambour, *wo* battre.

Efik : *i-darra* joie, *dara* se réjouir.
ou-bak part, *bak* partager.
m-bre jeu, *bre* jouer.

Ibo : *a-dzu* demande, *dzu* demander.
i-hú visage, *hú* voir.
o-ku mot, *ku* parler.
ou-ri chant, *ri* chanter.
ou-ta arc, *ta* tirer.
n-ta chasse, *ta* tirer.

A la Trinidad comme à la Guyane, l'aphérèse a porté, dans quelques verbes, sur la syllabe initiale *re*, *ren*. Ex. : *kyoulé* reculer, *gadé* regarder, *posé* reposer, *contré* rencontrer. Ici, le retranchement a eu vraisemblablement pour cause la mobilité du préfixe français, dans les mots « faire et refaire, parer et réparer, poser et reposer, couvrir et recouvrir, etc. ».

PROSTHÈSE.

Dans les deux colonies, les nègres ont préfixé et soudé à un assez grand nombre de mots français : 1° l'un des articles simples, *la*, *l'*; 2° l'un des articles composés *di* (du), *dl* (de l'), *dé* (des); 3° la sibilante *z* provenant de la liaison euphonique de l'*s* finale de « les, mes, des » avec la voyelle initiale du mot suivant; 4° l'*n* finale de l'article indéfini; 5° une préposition; 6° un adjectif possessif; 7° un ou plusieurs pronoms personnels.

1° Comme, dans les langues de la Guinée, les démonstratifs faisant fonction d'article défini se postposent aux noms ainsi qu'on le verra plus loin, les nègres ne sachant que faire de l'article français, l'ont ou fondu avec le nom, ou supprimé.

Parler de la Guyane : *oune lamòde* une mode, *mo larivìè* ma rivière, *zoute lapeau* votre peau, *so lafinète* sa fenêtre, *so lapòto* sa porte, *so lakyo* sa queue, *oune lagrimace* une grimace; *lò* or, richesse; *moceau lamorie* un peu de morue, *to lamain* ta main, *to larestant* ton reste, etc.

Parler de la Trinidad : *yone lapote* une porte, *lageole* prison, *ladoèze* ardoise, *lwoé* roi, *lapwié* prière, etc.

2° Les articles composés « du, de l', des », qui servent fréquemment de partitifs, ont été traités comme les articles simples, parce qu'il n'y a point de partitifs dans les langues de la Guinée.

Parler de la Guyane : *dilo* eau, ruisseau, *so difé* son feu, *nous dibé* notre beurre, *ous disang* votre sang, *dilo-la* cette eau, *disél* sel, *détemps* quelquefois (des temps), etc.

Parler de la Trinidad : *difé* feu, *dithé* thé, *divin* vin, *dleau* eau, *dleau çla-la* cette eau, etc.

3° Les langues de la Guinée n'ayant ni articles définis préposés, ni adjectifs possessifs, ni pronoms démonstratifs préposés, et n'ayant point non plus de nombre pluriel, les nègres ont été induits à préfixer au nom l'*s* finale des articles, adjectifs possessifs et pronoms démonstratifs éliminés. De là, les formes qui suivent :

Parler de la Guyane : *zongue* ongle, *zaute* vous autres, *zaute zaffè* vos affaires, *mo zo* mon os, *so dé zaile* ses deux ailes, *zouite* huître, *zòrè* oreille, *zami* ami, *zozo* oiseau, *zenfant* enfant, etc.

Parler de la Trinidad : *zaffé* affaire, *zétoèle* étoile, *yone zoragne* une orange, *zaile* aile, *zampoule* ampoule, *zécoce* écorce, *zananas* ananas, *zèbe* herbe, *zéffo* effort, *zentrayes* entrailles, *zotéye* orteil, *zépingue* épingle, etc.

4° A la Trinidad, quelques noms commençant par une voyelle ont été préfixés de l'*n* finale de l'article indéfini français. Ex. : *nomme* homme, *nâme* âme, *nannée* année, *ninime* énigme.

5° Les prépositions françaises « dans, à, en » ont été préfixées à un petit nombre de noms.

Parler de la Guyane : *to danbois* ta forêt ; *anous* allons ! courage ! à nous ! *arien* rien ; *afoce* à force, tant ; *enbas* sous, en bas, le dessous ; *enbas pié* la plante des pieds, etc.

6° Quelques adjectifs possessifs français ont été préfixés à un très petit nombre de noms.

Parler de la Trinidad : *so mounonquo* son oncle, *yone matante* ou *tatante* une tante, *sézadié* adieu, etc.

7° Quelques verbes ont été préfixés de deux pronoms personnels.

Parler de la Guyane : *mo pas sensoucié* je ne m'en soucie pas; *tenprie* je t'en prie ; *menfous* je m'en f..., tant pis.

En créole, comme dans les idiomes guinéens, les pronoms régis se placent toujours après le verbe.

COMPOSITION.

La composition étant un procédé lexicologique d'un emploi très fréquent dans les langues de la Guinée, les nègres des deux colonies ont créé un assez grand nombre de composés parmi lesquels je citerai : *soumaqué* sous marqués, argent; *kyémbékyô* tient bien le cœur, déjeuner, goûter; *laclé-alé* la clef de la porte extérieure; *bibois* une bille de bois, un morceau de bois; *biviande* une bille de viande, un morceau de viande; *grainewèye* graine de l'œil, pupille; *oune ventméné* quelqu'un qui est venu par mer, qui a été amené par le vent, c'est-à-dire par un navire, un Européen par opposition à ceux qui sont nés dans le pays; *tornéviré* tourner-virer, aller de côté et d'autre; *vienti-vati* vient-il va-t-il ? coureur, rôdeur; *poudravè* poudre à ver, contre-ver; *maldent* mal de dent; *kichose* quelque chose; *poukoufè, poukfè* pour quoi faire? pourquoi? *lasous* là-dessus, sur; *nienpoint* il n'y en a point, plus de; *titalò* tout à l'heure, bientôt, etc.

GRAMMAIRE.

LE GENRE.

Les nègres ont aboli la distinction générique qui est étrangère aux langues de la Guinée.

Il y a bien, dans le créole de la Trinidad, une certaine tendance à distinguer le genre par la flexion des adjectifs. Mais ainsi que le fait remarquer M. Thomas, les personnes qui parlent habituellement créole n'emploient jamais que l'article défini féminin, lorsqu'elles affectent de parler à la française. La tentative d'introduire dans le parler créole la distinction du genre a été, suivant l'expression de M. Thomas, « ill-sustained », et l'on peut dire qu'elle a échoué, même en ce qui concerne les adjectifs, dont la plupart sont demeurés invariables sous la forme masculine ou sous la forme féminine. Ex. : *épais* épais, épaisse; *faux* faux, fausse; *fò* fort, forte; *gwos* gros, grosse; *gras* gras, grasse; *adoète* adroit, adroite; *bél* beau, belle; *lasse* las, lasse; *mol* mou, molle; *soude* sourd, sourde.

LE NOMBRE DES NOMS.

Dans la langue odschi, les noms forment leur pluriel par la préfixation de *em-*, *en-*, *eng-*, *a-*, *ai-*, etc. Ex. : *popa* branche de palmier, *em-popa*; *toa* boîte, *en-toa*; *kuku* pot, *eng-kuku*; *ti* tête, *a-ti*; *vurow* clou, *ai-vurow*.

« En ewe, dit M. Fried. Müller, ein und dieselbe Form gilt für Singular und Plural, z. B. : *adu* Zahn und Zähne; *to* Ohr und Ohren; *asi* Hand und Hände. Dasselbe ist auch der Fall, wenn das Substantivum mit einem Zahlwort in Verbindung trill, z. B. : *to eve* zwei Ohren, *ame blave* zwanzig Mann, u. s. w. » Cependant, ajoute-t-il, la pluralité peut être indiquée au moyen du suffixe *o*. Ex. : *dola-o* messagers, *dola* messager; *ame-o* hommes, *ame* homme. Mais cette formation paraît être récente, car dans le cas où le substantif est affecté par un adjectif ou par un possessif, l'indice de pluralité se place à la suite. Ex. : *cho koko* une chambre haute, *cho koko-o*; *vi-nye* mon enfant, *vi-nye-o*. Il importe de noter que le suffixe *o* n'est pas autre chose que le pronom pluriel de la troisième personne.

Dans la langue yoruba, on indique la pluralité : 1° en préposant le pronom pluriel de la troisième personne, *awong* eux, elles; 2° par la répétition du nom. Ex. : *esing* cheval, *awong esing* eux cheval, chevaux; *eiye* oiseau, *eiye eiye* oiseaux.

Le créole guyanais procède comme la langue èwe, en postposant au nom, lorsqu'il y a nécessité de préciser le nombre, le pronom pluriel de la troisième personne *yé*, auquel on peut suffixer le démonstratif *là*. Ex. : *Jibi dit : Frè mo ca marié* : Jibi dit : Frère, je me marie; *Jibi rélé : Frè-yé courage*; Jibi cria : Frères, courage! *Ous plime-yé manié nwè* vos plumes sont un peu noires; *ça femme-là* cette femme, *ça femme yé-là* ces femmes.

A la Trinidad, on indique la pluralité en préposant au nom le démonstratif *cé* (ces) et en lui postposant le démonstratif *là*. Ex. : *Ous pé pouend cé chapoties-là main léssez cé mangos-là pace moèn bisoèn yeaux* you may take the sapodillas, but leave the mangoes there, for I want them.

L'ARTICLE.

MM. Aug. de Saint-Quentin et Thomas se seraient rendu exactement compte de la nature véritable de l'article créole, s'ils l'avaient étudié dans le milieu africain d'où il est issu.

L'article créole est invariablement *la* et toujours il se place après le nom déterminé, par la raison fort simple que dans les langues guinéennes, les adjectifs démonstratifs dont quelques-uns remplissent la fonction d'article défini se postposent aux noms.

En yoruba, les démonstratifs *yi* this, *ná* that; *ni* this one, that one; *won-yi* these, *wo-ni* those, se placent après les noms. Ex. : *ilé yi* cette maison. *Ná* a d'ordinaire la valeur du démonstratif anglais « that », mais dans certains cas, il faut le rendre par l'article « the ». Ex. : *okongri ná ti o de lana* l'homme qui est venu hier. *Ni* équivaut le plus souvent à l'article défini. Ex. : *niá ni* la rivière, *oba ni* le roi, etc.

En odschi, les démonstratifs *yi*, *no* se postposent. Ex. : *odang yi* cette maison, *kannea no* la chandelle. *No* fait souvent fonction d'article défini, et souvent aussi il équivaut à l'adverbe allemand « da ». Ex. : *odang no yö fe* das Haus da ist schön.

En èwe, le suffixe *la*, qui sert à dériver des noms d'agent, s'emploie aussi en qualité d'article, et alors il se raccourcit le plus souvent en *a*. Ex. : *ame* homme, *ame-la*, *ame-a* l'homme; *awe* maison, *awe-la*, *awe-a*, *aw-a* la maison.

Sous l'empire de ces habitudes, les nègres ont cru reconnaître un démonstratif-article analogue à ceux ou à celui de leurs langues maternelles, dans l'adverbe démonstratif *là* qu'ils entendaient émettre à la suite des noms et des pronoms démonstratifs (l'homme-là, cette femme-là, celui-là, cela). Il est à remarquer qu'ils ont négligé le démonstratif *ci*, dans les deux colonies, sans doute parce que dans leurs langues maternelles un seul démonstratif jouait le rôle d'article défini.

Parler de la Guyane. — *La* s'emploie en qualité d'article dans les exemples qui suivent : *mé pagaye la* voici la pagaie, *prend gouvernaye la* prends le gouvernail, *nègue la là* le nègre est là, *négresse qui passé là la* la négresse qui a passé là.

Dans ce dernier exemple, l'article figure après le complément du nom, ainsi que cela se pratique en yoruba. Ex. : *ilé ngdzo ni* la maison est en feu.

Parler de la Trinidad. — Ex. : *missié la* le monsieur, *chouval la* le cheval, *mam'zelle la* la demoiselle, *lasalle la* la salle, *lapoussiè la* la poussière.

Dans ces deux derniers exemples, l'article français ayant perdu toute valeur grammaticale, a été soudé au nom, lequel est suivi de l'article africain.

LES ADJECTIFS ET LES PRONOMS DÉMONSTRATIFS.

Parler de la Guyane. — L'adjectif démonstratif se rend : 1° par l'article *la*; 2° par *ça..... la*; 3° par *ça*. Ex. : *dilo la* cette eau, ce ruisseau; *jou la* ce jour; *ça coup la* ce coup, *ça ouomme la* cet homme, *ça ouomme la yéla* ces hommes; *ça larestant fromage* ce restant de fromage, *ça conte* ces contes.

Les pronoms démonstratifs sont : *ça* ce, ceci, cela; *ça-la, ça-la la* celui-là, celle-là; *ça-la, ça ici la* celui-ci, celle-ci.

Parler de la Trinidad. — L'adjectif démonstratif se rend : 1° par l'article *la*; 2° par *çla-la* ou *ça-la* postposés au nom; 3° par *cé..... la, cé..... ça-la*. Ex. : *nomme la* cet homme, *jadin moèn la* ce jardin qui est à moi, *dleau vivant la* cette eau vive, *zombi çla-la* cette apparition, *jipe ça-la* cette jupe, *cé bagaye ça-la* ces affaires là.

Les pronoms démonstratifs sont : *ça* ce; *ça-la* celui-ci, celle-ci; *laute la* celui-là, celle-là.

L'emploi de l'article comme adjectif démonstratif est absolument dans le génie guinéen, auquel le dialecte de la Trinidad s'est montré particulièrement fidèle en postposant aux noms les adjectifs démonstratifs *çla-la, ça-la*.

LES PRONOMS PERSONNELS.

Parler de la Guyane. — La plupart des pronoms personnels ont été formés des pronoms régis « moi, toi, lui, eux, » etc.

Sing. 1	*mo* je, moi, me.	Pl. 1 *nous* nous.
2	*ous* vous (respectueux). *to* tu, toi, te (familier). *toué* tu, toi, te (ironique).	2 *zaute* vous.
3	*li* il, elle, lui, le, etc.	3 *yé* ils, elles, eux.

Parler de la Trinidad. — Les pronoms personnels ont été formés comme à la Guyane.

Sing. 1	*moèn* je, moi, me.	Pl. 1 *nous* nous.
2	*ous* vous (respectueux). *to* tu, toi, te (familier). *toé* tu, toi te (ironique).	2 *zaute* vous.
3	*li*, *i* il, elle, lui, etc.	3 *yeaux* ils, elles, eux.

La création, à la seconde personne du singulier, de formes respectueuse, familière et ironique procède du français, car il n'y a rien de semblable dans les langues de la Guinée.

La non-distinction des deux genres à la troisième personne du singulier est directement africaine.

Dans les deux dialectes, les pronoms personnels demeurent invariables à tous les cas, bien qu'il y ait, dans les idiomes guinéens à moi connus, quelques différences légères entre les pronoms-sujet et les pronoms-objet.

LES ADJECTIFS POSSESSIFS.

En odschi, les adjectifs possessifs sont suppléés par les pronoms personnels légèrement modifiés dans leur forme, à la première et à la troisième personne du singulier. Ex. : *me ura* le maître de moi ; *wo ura* le maître de toi ; *ne ura* le maître de lui, d'elle; *yeng ura* le maître de nous; *mu ura* le maître de vous; *vong ura* le maître d'eux, d'elles.

Il en est de même dans la langue yoruba; seulement, les pronoms personnels s'y postposent au nom, et l'on peut les faire précéder de la préposition *ti, t'*. Ex. : *iwe mi* le livre de moi; *iwe t'e-mi* le livre à moi.

Dans les deux dialectes, les adjectifs possessifs du français ont été remplacés par les pronoms personnels.

Parler de la Guyane. — A la 3e personne du singulier, l'adjectif possessif *so* (son) a pris la place du pronom *li*. Ex. : *mo maman* la mère de moi; *to lamain* la main de toi; *so lafinète* la fenêtre de lui, d'elle; *nous zaffè* l'affaire de nous, les affaires de nous; *zaute cò* le corps de vous; *yé papa* le père d'eux, d'elles.

Parler de la Trinidad. — Les pronoms personnels se postposent aux noms. Ex. : *bouche moèn* la bouche à moi; *bouche ous* la bouche à vous; *bouche li* la bouche à lui, à elle; *bouche nous, bouche zaute, bouche yeaux.*

Les nègres originaires de la Guadeloupe disent : *bouche a-moèn, bouche a-ous, bouche a-li*, etc.

LES PRONOMS RÉFLÉCHIS.

En yoruba, les pronoms réfléchis sont suppléés par les expressions concrètes : mon corps, ton corps, son corps, etc. Ex., *ò fe ara rè* il aime le corps de lui, il s'aime.

Il en est de même en odschi. Ex. : *me hù* le corps de moi, *wo hù* le corps de toi, et *keka ne hù* mouvoir son corps, se mouvoir; *dang ne hù* se tourner.

Dans les deux dialectes, les pronoms réfléchis ont été remplacés par les mêmes expressions concrètes.

Guyane. — *Mo ca souén mo cò* je soigne mon corps, je me soigne.

Trinidad. — *Capitaine ta blessé cò li* le capitaine a blessé le corps à lui, le capitaine s'est blessé.

LES PRONOMS PERSONNELS RÉGIS.

Dans les langues de la Guinée, les pronoms personnels régis se placent toujours après le verbe.

Odschi. — *Obo mi* ou *obo-m* il me frappe; *oma mi* ou *oma-m* il me donne; *bua wo* ou *bua-w* il te frappe, etc.

Yoruba. — *Mo rà á* je l'ai acheté; *mo ri i, mo ri ong* je l'ai vu; *mo fe awong ti o fe emi* j'aime ceux qui m'aiment. Il en est de même dans les deux dialectes.

Parler de la Guyane. — *Mo kè tranglé to* je vais t'étrangler; *li ralé li* il le hala, le tira, l'entraîna; *li té wa laissè mo* il me laisserait; *n'a méné to* nous te conduirons; *Jean dit li* Jean lui dit; *mo songé to* j'ai pensé à toi; *esse faut nous vendé li nous bois* est-ce qu'il faut que nous lui vendions notre bois?

Parler de la Trinidad. — *I wè li* il le vit; *ous pas marré nous* vous ne nous avez pas amarrés; *Samaritaine la dit li* la Samaritaine lui dit; *m'a rende ous li doub* je vous rendrai le double; *li dit moèn con ça* elle m'a dit comme cela.

LES PRONOMS RELATIFS.

Il n'y a point en odschi de pronoms relatifs. « Im Deutschen wird die Beziehung des attributiven Nebensatzes durch die Relativ-Pronomen ausgedrückt. Die Odschi-Sprache ermangelt dieser, und schliesst den Adjectiv-Satz ohne solche Verbindung unmittelbar an sein Beziehungswort im Hauptsatze an. Die Beziehung des Nebensatzes wird jedoch häufig durch ein dem Prädikat desselben nachfolgendes demonstratives Adjektiv-Pronomen *no* oder *yi* ausgedrückt, z. B. : *ade m-a-ye yi m-eni-awu* der Sache (die) ich gethan, diese schäme ich mich. »

En yoruba, le pronom relatif s'exprime, dans tous les cas, au moyen de la particule invariable *ti*, dont l'origine est douteuse, dit M. Bowen. Ex. : *iwo ti ngsòro* toi qui parles, *ilé ti oba ko* la maison que le roi a construite, *okongri ti ilé rè dzo* l'homme dont la maison a brûlé.

A la Guyane, les nègres ont conservé le pronom « qui », mais ils ont rejeté les pronoms relatifs régis « que, à qui, de qui, dont ». Ex.: *Papa Piè qui té-ça patron* le papa Pierre qui était patron; *pitite mo wè* l'enfant que j'ai vu; *nègue mo ca wè so case* le nègre dont je vois la case; *moune mo ca palè* la personne à qui je parle; *mo wa fè ça bongyé dit mo* je ferai ce que le bon Dieu m'a dit.

Parler de la Trinidad. — Il résulte des indications assez confuses données par M. Thomas : 1° que seul le pronom « qui » a été conservé; 2° que d'ordinaire les pronoms relatifs régis sont remplacés par *la* adjectif démonstratif et article défini; 3° que les enfants et parfois aussi quelques grandes personnes emploient cumulativement avec *la* le pronom démonstratif *ça*. Ex. : *Simaye la yeaux fè épis zéffèts moèn* la dispersion (semaille) qu'ils ont faite de mes effets; *missié la yeaux pougallé la* ou *missié la ça yeaux pougallè la* le monsieur qu'ils ont chassé.

RELATION DITE DU GÉNITIF.

Dans les deux dialectes, le nom possédé se place avant le nom possesseur, sans que la relation soit indiquée autrement.

Parler de la Guyane. — *Nègue roué* les nègres du roi; *case so coumè* la case de sa commère; *toute couin chambe* tous les coins de la chambre; *sac gniame pays nègue di mo maître* le sac d'ignames du pays des nègres de mon maître.

La préposition française n'a été conservée que dans les cas assez rares où, par suite d'une accumulation de noms régis, comme dans le dernier exemple, la phrase serait difficilement intelligible.

Parler de la Trinidad. — *Caye Jean* la case de Jean; *chapeau papa tite fiye la* le chapeau du papa de la petite fille; *bouwique missié la tè nans jadin Châles* la bourrique du monsieur était dans le jardin de Charles.

A la côte de Guinée, la relation du génitif s'exprime, sans l'aide d'une préposition ou d'une particule, en préposant ou en postposant le nom possédé au nom possesseur.

Efik. — Le nom possédé se place avant le nom possesseur. Ex. : *efök inuen* le nid de l'oiseau, *ete ubüm* le patron de la barque.

Ibo. — Le nom possédé se place avant le nom possesseur. Ex. : *opara wôque* le fils de l'homme, *issi una-m* la tête de mon père.

Yoruba. — Le nom possédé se place avant le nom possesseur. Ex. : *iwe omo* le livre de l'enfant, *ilè baba* la maison du père, *ebado okung* le bord de la mer. Le nom possédé est quelquefois suivi de la particule *ti*. Ex. : *ilè ti baba* la maison du père.

Odschi. — Le nom possesseur se place avant le nom possédé. Ex. : *okoto eni* l'œil du crabe, *funnu ti* la tête du cadavre, *w'agya akoa* l'esclave de ton père.

Èwe. — Le nom possesseur se place avant le nom possédé. Ex. : *fofo afo* le pied du père, *nooi-nye avo* le vêtement de mon frère.

LES RELATIONS DITES DE L'ACCUSATIF ET DU DATIF.

Dans les langues de la Guinée, comme dans nos deux dialectes, les relations de l'accusatif et du datif s'expriment en postposant au verbe le nom régi.

Parler de la Guyane. — *Li prié so camarade* il pria son camarade, *li prètè so frè* il avait prêté à son frère, *oune jou li dit so voèsin* un jour il dit à son voisin.

Parler de la Trinidad. — *Si ous pwété Jean ça-volant la* si vous prêtez à Jean ce cerf-volant, *madame la rimète iche li bagaye la* la dame a remis à son enfant cet objet (bagage).

Odschi. — *V-âto akoa* il a acheté un esclave, *oma ne ba entama* il donna à son fils un vêtement.

Yoruba. — La relation du datif s'exprime, dans certains cas, à l'aide de la particule *fu*. Ex. : *eyi aburro wi fu baba ré* ce jeune frère dit à son père. Mais, *fu* n'est autre chose qu'un thème verbal signifiant « donner ». Ex. : *fu mi* donne-moi, *fu wa* donne-nous. Or, le créole de la Trinidad possède une sorte de cas datif dont l'indice *baye* ou *ba* est, ainsi que le constate M. Thomas, « a shortening of the old french verb « bailler » to give. Ex. : *li poté toument baye famie li* he brought trouble to his relations. »

LES AUTRES RELATIONS.

Dans nos deux dialectes, comme dans la langue yoruba, les autres relations s'expriment au moyen de prépositions.

Parler de la Guyane. — *Landans cende* dans la cendre, *ké mo* avec moi, *lasous latè* sur terre, *la dos chien* sur le dos du chien, *enbas lit* sous le lit, *pou mo soupé* pour mon souper, *bo di case* vers la case, *cou li* comme lui, *semblé difé* comme le feu, etc.

Parler de la Trinidad. *Nano chimin li* dans son chemin, *évèc lamain moèn* avec mes mains, *endidans sac ous* dans votre sac, *lasous dos* sur le dos, *enlai* (en l'air) *tête moèn* sur ma tête, etc.

Yoruba. — *Dzoko ti mi* il s'assit près de moi, *fi ida* avec un sabre, *bá mi* avec moi, *lù mi* sur moi, *si orung* contre le ciel, *nino ilè* dans la maison, *li enu* sur la bouche, etc.

Il y a en odschi des prépositions et des postpositions.

LE VERBE.

Dans nos deux dialectes, comme dans les langues de la côte de Guinée, les thèmes verbaux, invariables à tous les modes, à tous les temps et à toutes les personnes, se conjuguent : 1° à l'aoriste, à l'aide des pronoms personnels préposés ; 2° aux autres temps, à l'aide de particules invariables et des pronoms personnels préposés.

Il me suffira, pour démontrer l'identité de la conjugaison créole et de la conjugaison guinéenne, de conjuguer successivement en odschi, en yoruba, en créole guyanais et en créole de la Trinidad, les quatre verbes *ko* aller, *ri* voir, *wè* voir, *mangé* manger.

I. Conjugaison en odschi.

Infinitif.

Ko aller.

Impératif.

Sing. *Ko* ou *wo ko* va !
Plur. *Ko* ou *mu ko* allez !

Aoriste (présent-passé).

Sing.	*mi ko*	Pl.	*ye ko*
	wo ko		*mu ko*
	o ko		*vo ko*

Présent absolu.

Sing.	*mi re-ko*	Pl.	*ye re-ko*
	wo re-ko		*mu re-ko*
	o re-ko		*vo-reko*

Futur.

Sing.	*mi bă-ko*	Pl.	*ye bă-ko*
	wo bă-ko		*mu bă-ko*
	o bă-ko		*vo bă-ko*

Passé.

Sing.	*m' a-ko*	Pl.	*y' a-ko*
	w' a-ko		*m' a-ko*
	v' a-ko		*v' a-ko*

II. Conjugaison en yoruba.

Infinitif.

Ri voir.

Impératif.

Ri ou *iwo ri* vois !

Aoriste (présent-passé).

Sing.	*emi ri*	Pl.	*awa ri*
	iwo ri		*engyin ri*
	ong ri		*nwong ri.*

Présent-imparfait.

Sing.	*emi ng-ri*	Pl.	*awa ng-ri*
	iwo ng-ri		*engyin ng-ri*
	ong ng-ri		*nwong-ng-ri*

Futur.

Sing.	*emi ó-ri*	Pl.	*awa ó-ri*
	iwo ó-ri		*engyin ó-ri*
	ong ó-ri		*nwong ó-ri*

Passé.

Sing.	*emi ti-ri*	Pl.	*awa ti-ri*
	iwo ti-ri		*engyin ti-ri*
	ong ti-ri		*nwong ti-ri*

III. Conjugaison en créole guyanais.

Infinitif.

Wè voir.

Impératif.

Sing.	*wè* vois !	Pl.	*anous wè* voyons !
			zaute woè qu'ils voient !

Aoriste (présent-passé).

Sing.	*mo wè*	Pl.	*nous wè*
	to wè		*zaute wè*
	li wè		*yé wè*

Présent absolu.

Sing.	*mo ca-wè*	Pl.	*nous ca-wè*
	to ca-wè		*zaute ca-wè*
	li ca-wè		*yè ca-wè*

Futur.

Sing.	*mo wa-wè*	Pl.	*nous wa-wè*
	to wa-wè		*zaute wa-wè*
	li wa-wè		*yè wa-wè*

Passé et imparfait.

Sing.	*mo té-wè*	Pl.	*nous té-wè*
	to té-wè		*zaute té-wè*
	li té-wè		*yè té-wè*

IV. Conjugaison en créole de la Trinidad.

Infinitif.

Mangé manger.

Impératif.

Sing. *Mangé* mange ! *Laissé li mangé* qu'il mange !

Aoriste.

Sing.	*moèn mangé*	Pl.	*nous mangé*
	ous mangé		*zaute mangé*
	li mangé		*yeaux mangé*

Présent absolu.

Sing.	*moèn ca-mangé*	Pl.	*nous ca-mangé*
	ous ca-mangé		*zaute ca-mangé*
	li ca-mangé		*yeaux ca-mangé*

Futur.

Sing.	*moèn calé mangé*	Pl.	*nous va-mangé*
	ous va-mangé		*zaute calé mangé*
	li a-mangé		*yeaux va-mangé*

Plus-que-parfait.

Sing.	*moèn té-mangé*	Pl.	*nous té-mangé*
	ous té-mangé		*zaute té-mangé*
	li té-mangé		*yeaux té-mangé*

L'AORISTE.

M. Riis définit ainsi l'aoriste ou temps indéterminé : « La langue odschi distingue, en dehors des trois relations fondamentales du présent, du passé et du futur, une relation verbale indifférente, une relation indéterminée. Es findet hierin freilich auch eine Zeitbeziehung statt, denn ohne eine solche kann der zeitgebundene Geist die Vorstellung einer ausgesagten Thätigkeit gar nicht realisiren; aber das Verhältniss dieser Beziehung ist ein freies, unbeschränktes; sie ist eine bewegliche, und kann gleichermassen in die Vergangenheit, Gegenwart oder Zukunft gestellt werden. »

Cette définition s'applique exactement à l'aoriste du verbe guyanais dont MM. de Saint-Quentin n'ont pas saisi le véritable caractère. Le présent absolu *mo ca-crè* « je crois » diffère de l'aoriste *mo crè*, en ce qu'il spécifie une croyance actuelle récemment admise, tandis que celui-ci dénote une sorte d'état, une habitude, c'est-à-dire une action mentale que l'on ne peut rapporter exclusivement à l'une ou à l'autre des trois divisions du temps : passé, présent, futur. De même *mo ca-wè* diffère de *mo wè*, en ce qu'il spécifie qu'en ce moment je vois telle ou telle chose, au lieu que pris en lui-même *mo wè* signifie aussi bien « j'ai vu » que « je vois » ou que « je verrai ».

A la Trinidad, l'aoriste s'est atrophié. Dans le plus grand nombre des verbes, il correspond au passé déterminé et au passé indéterminé. Mais il correspond au présent et au passé dans la conjugaison des vingt et quelques verbes qui ne prennent qu'accidentellement la particule *ca*. Il suit de là qu'au moment où ce dialecte s'est formé, l'aoriste y était identique à celui du créole guyanais et de la langue odschi.

LE PRÉSENT ABSOLU.

Le présent absolu est caractérisé, dans les deux dialectes, par la préfixation au thème verbal invariable de la particule *ca* indiquant, disent MM. de Saint-Quentin, « une action actuelle qui se continue, se complète, se développe ». Selon M. Thomas, cette particule dénote « the continuance most usually with a progressive import, as : *yeaux ca-déjinèn* they are breakfasting, ils déjeunent en ce moment ».

Au fond, l'emploi de la particule *ca* sert à spécifier, à préciser que l'action s'accomplit actuellement, qu'elle vient de commencer et qu'elle se poursuit, en un mot, que l'action n'a rapport ni au passé ni à l'avenir, mais exclusivement au temps présent. En effet, dans la conjugaison des vingt et quelques verbes dont je viens de parler, la préfixation de *ca* « is inceptive and denotes the beginning of a mental fealing or condition, as : *moèn ca-aimèn place la* I am getting found of the place, je commence à aimer la place; *yeaux ca-honte gens yeaux apouésent* they are growing ashamed of their people now, ils commencent à avoir honte de leurs gens d'à présent ».

Préfixée aux mêmes thèmes verbaux, la particule *ca* sert encore à indiquer que l'action se produit lorsqu'elle est provoquée par quelque autre action. Ex. : *moèn ca-haï moune lhè yeaux ca-fè bètise èpis cò li* je me prends à haïr les gens quand ils se moquent d'eux-mêmes.

LE FUTUR.

Le futur est caractérisé, dans le créole guyanais, par la particule *woa* laquelle provient de l'indicatif présent du verbe irrégulier « aller ». *Wa* est sujet à s'aphéréser en *a*. Ex. : *n'a-palé* nous parlerons, *n'a-pouvé* nous pourrons, *m'a toujou libe* je serai toujours libre. En odschi, les pronoms personnels s'apocopent également devant la voyelle *a*, particule caractéristique du passé.

Indépendamment de ce futur absolu, le créole guyanais possède un futur teinté de présent dont l'indice *calé* (*ca-alé* je vais) se syncope parfois en *ké*. Ex. : *mo calé proméné* je vais me promener, *nous ké-réglé* nous allons régler, *mo késoute to* je vais te rosser, etc.

A la Trinidad, les deux formes s'emploient concurremment et alternativement. *Calé* se syncope parfois en *caé*. Ex. : *moèn caé-mangé* je vais manger, je mangerai.

LE PASSÉ.

Ce temps est caractérisé dans les deux dialectes par la particule *té*, laquelle provient du participe passé du verbe « être ».

Cette même particule, composée avec *ca* et avec *wa*, forme un imparfait et un conditionnel : *mo té-ca-wè* je voyais; *mo té-wa-wè* je verrais, j'aurais vu.

Ces développements, inconnus à la conjugaison guinéenne, sont dus à l'influence de la conjugaison française.

LE VERBE NÉGATIF.

Le verbe se conjugue négativement au moyen de l'adverbe *pas* placé, à tous les temps, avant le thème verbal. Ex. : *mo pas ca-wè* ou *mo p-ca-wè* je ne vois pas; *mo pas wè* je n'ai pas vu, je ne vis pas; *mo té pas ca-wè* ou *p-ca-wè* je ne voyais pas; *mo tè pas wè* je n'avais pas vu; *mo pas té-wa-wè* ou *mo té p-ca-wè* je ne verrais pas.

Yoruba. — Le verbe négatif est formé par la préposition,

au thème verbal, de la particule *kò*, *ò*. Ex. : *emi kò ri*, *emi ò ri* je ne vois pas.

Odschi. — L'indice de la conjugaison négative est préfixé au thème verbal. Ex. : *mi m-ma* je ne donne pas, *mi n-ye* je ne fais pas, *mi ng-ko* je ne vais pas.

C'est évidemment sous l'empire de leurs habitudes guinéennes que les nègres ont modifié la conjugaison négative française caractérisée par la préposition de « ne » et la postposition de « pas ».

LE VERBE PASSIF.

Dans les langues de la Guinée, le verbe n'a point de passif, et l'on y supplée en se servant de la troisième personne du pluriel du verbe actif.

Odschi. — « In der dritten Person Plural wird das Verb sehr häufig gebraucht, wie im Deutschen, mit dem unbestimmten Pronom man, wenn man eine Thätigkeit ohne bestimmtes Subject, aber als eine dem persönlichen Subject überhaupt zukommende aussagen will..... Diese Form vertritt daher auch die Stelle des der Sprache fehlenden Passivs. Ex. : *okro vo-harre no afa enu* ein Boot wird an beiden Seiten gerudert. »

Yoruba. — Ex. : *à* (pour *awong* eux, ils) *ri mi* ils voient moi, je suis vu.

Le passif, qui fait défaut dans nos deux dialectes, est de même suppléé par la troisième personne du pluriel du verbe actif.

Guyane. — Ex. : *yé ca-troumenté mo* ils me tourmentent, je suis tourmenté

Trinidad. — Ex. : *yeaux aimèn li* ils l'aiment, il est aimé.

LES VERBES IMPERSONNELS.

Au lieu de dire, comme en français : il tonne, il pleut, il vente, etc., les nègres des deux colonies disent, comme à la côte de Guinée : *tonè ca-grondé* le tonnerre gronde, *laplie ca-tombé* la pluie tombe, *vent ca-soufflé* le vent souffle.

Odschi. — Ex. : *osu to* la pluie tombe, *opanna bom* das Gewitter donnert, *opranna pai* das Gewitter blitzt.

L'AUXILIAIRE AVOIR.

L'auxiliaire « avoir » a été rejeté par les nègres des deux colonies, bien qu'il soit en français d'un emploi si utile et si fréquent. Cela tient exclusivement à ce que les verbes qui signifient « posséder » n'ont point fourni un auxiliaire analogue aux langues de la côte de Guinée.

LE VERBE ÊTRE.

Odschi. — Cette langue possède trois verbes qui s'emploient en qualité de verbes substantifs : *yă* faire, *si* placer, *di* manger.

Le premier correspond à notre verbe « être ». Ex. : *o yă tenteng* il est long, *o yă bibini* il est nègre, *dade yă deng* le fer est dur, *odang no yă fe* la maison est belle, etc. Ce verbe s'emploie aussi au passé. Ex. : *v' a-yă akokora* il est un vieillard, *odang no a-yă yo* la maison est délabrée.

Quand aucune méprise n'est possible, on peut sous-entendre ce verbe substantif. Ex. : *ade ni făfăfă* la chose (est) très belle.

Très souvent ce même verbe est remplacé par les pronoms démonstratifs *ni, änni*. Ex. : *akokoberre ni* c'est une poule, *me traberre ni Akropong* ma résidence est Akropong.

Enfin, on n'emploie jamais les verbes substantifs dans le sens de « demeurer, se trouver ».

Yoruba. — Le nombre des verbes *substantifs* s'élève jusqu'à onze en y comprenant *li* ou *ni* qui, suivant la remarque de M. Bowen, n'est pas autre chose qu'un pronom démonstratif employé comme copule. Ex. : *oba li iwo* tu es roi, *tani ni babá rè* qui est ton père ?

Parler de la Guyane. — Le verbe substantif « être » a été remplacé par le pronom démonstratif *ça*, auquel on peut préfixer la particule du passé, mais non celles du présent et du futur. Ex. : *mo ça catibe* je suis esclave, *ous ça sodat* vous êtes soldat, *ça li* c'est lui, *to papa ké to manman té-ça nègue* ton père et ta mère étaient des nègres, *ça ous qui ça captaine* c'est vous qui êtes capitaine.

Quand il s'agit d'exprimer l'imparfait, le futur, le conditionnel, on prépose les particules de conjugaison au prédicat, comme si celui-ci était un thème verbal. Ex. : *chimin té pas bon* le chemin n'était pas bon, *ça wa so faute* ce sera sa faute, *m'a toujou libe* je serai toujours libre, *mo té-wa pis mal* je serais plus mal.

Le verbe substantif *ça* se sous-entend quand aucune méprise n'est possible, notamment quand le prédicat n'est point un substantif. Ainsi, on dira *mo malade* je suis malade, *mo content* je suis content, *mo là* je suis là, mais non *mo catibe* « je suis esclave », car *mo catibe* signifie « l'esclave de moi, mon esclave ». Il faudra dire pour éviter l'équivoque : *mo ça catibe* ou *mo oune catibe*.

Non plus qu'en odschi, le verbe substantif ne s'emploie jamais dans le sens de « se trouver ».

Parler de la Trinidad. — Le verbe substantif, qui se sous-entend fréquemment, se rend, au présent par *c'é* (c'est), au passé par *té* ou *c'été*, au conditionnel par *sé* (serait). Ex. : *ous grand passé li* vous êtes plus grand que lui, *ganganne yeaux aussi vié qui mounonque nous* leur grand'mère est aussi vieille que notre oncle; *toute moune c'é grand quéchoye silon yeaux-même* chacun est quelque chose d'important selon lui-même; *moèn ca-woè ous c'é you pwophète* je vois que vous êtes un prophète; *yeaux c'été bon moune* ils étaient de bonnes gens; *bagaye la pas sé bon* la chose ne serait pas bonne.

LE

PARLER MALÉO-ARYEN

PHONÉTIQUE.

VOYELLES.

Les voyelles neutres *e* (*eu*), *u* et la voyelle *è*, étrangères au malgache, ont été régulièrement remplacées dans les mots français.

VOYELLE *e* (*eu*, *œu*).

La voyelle *e* (*eu*, *œu*), a été remplacée par *i*, *é*, *ou*, *o*.

Ex. : *pitit* petit, *cimin* chemin, *dimain* demain, *di* de, *cimise* chemise, *vini* venir, *bisoin* besoin, *tini* tenir, *dimandé* demander, *sél* seul, *héré* heureux, *vié* vieux, *dé* deux, *béf* bœuf, *guéle* gueule, *laquée* queue, *mié* mieux, *bondié* bon Dieu, *blé* bleu, *honté* honteux, *sécond* second, *sére* sœur, *çalére* chaleur, *doulére* douleur; *çouval* cheval, *zounou* genou, *gournouye* grenouille; *ploré* pleurer, *volor* voleur, etc.

VOYELLE *u*.

La voyelle *u* a été remplacée par *i*, *ou*, *é*.

Ex. : *milet* mulet, *prine* prune, *di* du, *plis* plus, *quilotte* culotte, *pinéze* punaise, *quimé* écumer, *disique* sucre, *larihme* rhume, *plime* plume; *zouré* jurer, *dou* dur, *bourlé* brûlé; *éne* une, un.

LA VOYELLE *è* (*ai, ei*).

La voyelle *è* (*ai, ei*) a été remplacée par *é*, ou plutôt, dit M. Baissac, « par un son intermédiaire entre *è* et *é*, mais plus voisin de ce dernier ».

Ex. : *téte* tête, *méte* maître, *fére* faire, *pégne* peigne, *lapléne* plaine, *lapéne* peine, *laséne* seine, *més* mais, *péye* payer.

Dans quelques mots, la voyelle *é* a été remplacée par *i, a*.

Ex. : *siprit* esprit, *siquisé* excuser, *discende* descendre, *zalphant* éléphant, *acoute* écoute! *aspère* espère!

LA VOYELLE *o* (*au*).

Dans un certain nombre de mots, la voyelle *o* (*au*) a été remplacée par la voyelle *ou*. Ex. : *dourmi* dormir, *boucoup* beaucoup, *pourtrét* portrait, *prouméné* promener, *oussi* aussi, *galoupé* galoper, *sourti* sorti, *touctouc* toctoc, *tourtie* tortue, *gouyave* goyave.

Il y a en malgache une telle affinité entre les sons *o* et *ou*, que dans l'alphabet de cette langue, tous deux sont figurés par le même signe. « La voyelle *o* se prononce *ou*. Quand elle est surmontée de l'accent circonflexe, elle prend le son de notre *o*. »

LA DIPHTONGUE *ui*.

Cette diphtongue a été remplacée par *oui, i*. Ex. : *disouif* suif, *houite* huit, *lanouite* nuit, *dilhouile* huile, *condire* conduire, *sivré* suivre, *li* lui, *laplie* pluie, *dipis* depuis, etc.

LA DIPHTONGUE *oi*.

Dans un certain nombre de mots, *oi* a été remplacé par *o*. Ex. : *sogne* soigner, *soxante* soixante, *posson* poisson, *lamoquié* moitié.

CONSONNES.

LES LINGUO-PALATALES *ch, j*.

Ces deux articulations, étrangères au malgache, ont été remplacées par les linguo-dentales *s* (*c* doux), *z*. Ex. : *mance* manche, *pioce* pioche, *cimise* chemise, *cése* chaise, *licien* chien; *zamés* jamais, *zounou* genou, *maziné* imaginer, *manzé* manger, *zouré* jurer, *zéne* jeune, *Zorzes* Georges, etc.

LA VIBRANTE *r*.

M. Baissac constate que « dans les sons difficiles : *br, bl, cr, cl, dr; dl*, etc., souvent la prononciation interpose, plus ou moins rapidement, suivant l'agilité des organes, la brève de la voyelle longue qui va suivre. Ainsi, au lieu de « crabe », on entend plus ou moins nettement *carabe;* au lieu de « plume », *pilime*; au lieu d' « étrangler », *tranguélé*. Des mots français « trou, clou, gratte, crier, trépied, troupeau », la plupart des anciens font : *tourou, coulou, garatte, quirié, térépied, tourovpeau* ».

Cette particularité de la phonétique mauricienne trouve son explication dans la phonétique malgache. « Deux consonnes différentes, dit M. Marre-de Marin, ne peuvent se suivre sans voyelle interposée, à moins qu'elles ne soient précédées d'une nasale... Le malgache rejette la combinaison des liquides *l, r* avec une autre consonne, combinaison fréquemment admise dans le malay et dans le javanais. C'est pourquoi les mots d'origine française qui ont cours dans le malgache sont adoucis par l'intercalation de voyelles, toutes les fois que deux consonnes se suivent immédiatement. Ex. : *kilósy* cloche, *bórósy* brosse, *biriqua* brique, *córónósy* corniche, *laforiseta* fourchette. »

En malgache, « tous les mots finissent par une voyelle, le plus souvent *a, o, y* (*i*) ». Mais, par l'effet de règles euphoniques très délicates, le son de la voyelle finale est souvent « presque imperceptible »; souvent aussi, cette voyelle est « complètement muette » (¹). On comprend dès lors comment l'*r* finale a été maintenue dans les mots français alors même qu'elle n'est pas suivie d'un *e* muet. Ex. : *noir* noir, *pour* pour, *lécorps* corps, *souffert* souffrir, *mort* mourir, etc.

Dans les mots français terminés en *-tre*, *-dre*, *-bre*, etc., l'*r* a été éliminée. Ex. : *vente* ventre, *lacende* cendre, *lombe* ombre, *disique* sucre, *lenque* encre, *tigue* tigre, *fiève* fièvre, *coffe* coffre, etc.

LA LIQUIDE *l*.

Les observations qui précèdent sont applicables à la liquide *l*. Ex. : *pilime* plume, *coulou* clou, *lasabe* sabre, *ensembe* ensemble, *simpe* simple, etc.

LA SYLLABE *tié*.

Le son français *tié* a été remplacé par le normand *quié*. Ex. : *cimiquiére* cimetière, *lamiquié* amitié, *tabaquiére* tabatière, *lamoquié* moitié. Les vieux noirs ne prononcent pas autrement.

(¹) Dans les vocabulaires publiés par Dumont d'Urville, nombre de mots n'ont point de voyelle finale.

LEXIOLOGIE.

APHÉRÈSE.

Un assez grand nombre de verbes et quelques noms dont la première syllabe consiste en une voyelle soit pure, soit nasale, ont perdu cette syllabe.

Ex. : a) *taqué* attaquer, *tacé* attacher, *fronté* affronter, *fité* affûter, *quimé* écumer, *çapé* échapper, *sayé* essayer, *souyé* essuyer, *tourdi* étourdir, *toné* étonner, *crasé* écraser, *tégné* éteindre, *reinté* éreinter, *vité* éviter, *carquiyé* écarquiller, *plicé* éplucher, *talé* étaler, *corcé* écorcher, *claté* éclater, *couté* écouter, *claboussé* éclabousser, *borgné* éborgner, *tranglé* étrangler, *maziné* imaginer, *blizé* obliger, *blié* oublier, *foncé* enfoncer, *tende* entendre.

b) *tranzé* étranger, *gouyc* et *zégouye* aiguille, *bitation* et *zhabitation* habitation.

M. Baissac explique cette aphérèse par le dissyllabisme qui serait la norme du créole, comme il est celle du malgache ([1]).

« Le dissyllabe, dit-il, semble être le type du mot, substantif ou verbe. Le monosyllabe y arrive par dilatation ou addition : *tourou* trou, *nénez* nez, *lilit* lit, *coulou* clou, *louloup* loup, *bondié* Dieu, *asoir* soir, *dileau* eau, *lérat* rat, *lasabe* sable, *lipied* pied, *douriz* riz, etc. ; le polysyllabe, par soustraction ou contraction : *taqué* attaquer, *blié* oublier, *zérgnée* araignée, *tacé* attacher, *vini* devenir, *médar* maître d'armes, *fité* affûter, etc. Ainsi certains verbes en *-é* soumis à l'apocope ou à la syncope reprennent la syllabe supprimée quand l'*e*

([1]) Diejenigen Lautcomplexe, welche den Wurzeln unserer Sprachen entsprechen, die aber in der That es nicht sind, da sie sowohl Wurzel als auch Stamm, ja sogar ein fertiges Wort sein können, sind in den malayischen Sprachen in der Regel zweisilbig ». (Fried. Müller, p. 99.)

muet final, en se substituant devant le complément à l'*é* fermé, en ferait des monosyllabes. Ex. : *quand mo causé to doite couté* quand je parle, tu dois écouter; *acoute moi* écoute-moi! *Si to coné galpé galoupe lacase madame* si tu sais courir, cours chez Madame, etc. »

Que les formes redoublées *nénez, lilit, louloup* soient explicables par « l'éloignement du malgache pour les monosyllabes et par sa tendance à les transformer en mots de deux syllabes » (1), je n'y contredirai point. Mais, sans sortir du créole, on peut objecter à M. Baissac que la préfixation de l'article français a produit bon nombre de polysyllabes tels que *lafarine, lavianne, lapartaze, larestant,* que « matin » est devenu *bomatin,* « année » *bananée,* que *assisé* a remplacé « asseoir », enfin que l'aphérèse en question porte presque exclusivement sur les verbes.

C'est, à mon sens, dans l'économie du verbe malgache qu'il faut chercher l'explication de ce phénomène.

« Le verbe dans sa forme première, à l'état de racine, sans nul affixe, indique un passif. Ce sont les divers préfixes qu'on lui impose qui en font un verbe actif, ou neutre, ou causatif, ou réciproque, etc. On ne saurait trop insister sur ce fait si curieux et qui est l'une des assises fondamentales des grammaires malgache, malayse et javanaise. *Mi-tia* et *man-ka-tia* signifient « aimer » à cause de leurs préfixes respectifs, mais ces verbes réduits à leur forme native donnent *tia,* et *tia* est un verbe passif. Si on le fait suivre du pronom personnel contracté *ko,* le pronom personnel est alors régime indirect, et *tia-ko* signifie « aimé par moi », c'est-à-dire « j'aime » et non pas « je suis aimé ». De même pour toute autre racine : *vono,* par exemple, dépouillé de tout affixe, a le sens passif « tué, assassiné », et, pour lui donner le sens actif, il faudrait le préfixe *man,* d'où le verbe *ma-mono*

(1) Marre-de Marin, § 39.

(pour *man-vono*) « tuer, assassiner »; *vono-ko* « tué par moi » signifiera donc « je tue » et non : « je suis tué ».

Le passif est tellement dans le génie de la langue que l'impératif revêt le plus souvent la forme de cette voix. Or, l'impératif passif des verbes actifs se forme par la suffixation de *-o*, *-z*, *-o*, après aphérèse de l'*m* initiale du préfixe, ce qui fait apparaître en tête du verbe une voyelle soit pure, soit nasale. Ex. : *ma-nify* amincir, *a-nifi-s-o* qu'il soit aminci; *man-kafy* donner du goût à, *an-kafi-z-o* qu'il soit donné du goût à, *ma-petrak* placer, *a-petrak-o* qu'il soit placé.

On verra plus loin que les nègres transportés à Maurice ont dû renoncer au système des préfixes malgaches et s'en tenir à la conjugaison dite passive. Il est dès lors vraisemblable que la syllabe vocalique initiale de la plupart des verbes, leur paraissant être un indice de l'impératif, a partagé le sort des préfixes.

PROSTHÈSE.

Les nègres ont préfixé et soudé à un assez grand nombre de mots français : 1° l'un des articles simples *li* (le), *lé* (le), *la*, *l'*; 2° l'un des articles composés *di* (de), *dou* (de), *dil* (de l'); 3° la sibilante *z* provenant de la liaison euphonique de l'*s* finale de « les, mes, des » avec la voyelle initiale du mot suivant; 4° l'*n* finale de l'article indéfini; 5° une préposition.

1° « Quand la langue malgache adopte un mot français, elle lui laisse ordinairement l'article « le, la, du ». Ex. : charette *lasarety*, musique *lamozika*, bière *labiery*, fourchette *laforiseta*, cuisine *lakosy*, vin *divena*, etc. » (¹).

Les nègres transportés à Maurice ont fait de même. Ex. : *éne latabe* une table, *éne licien* un chien, *mo lécorps* mon

(¹) Baissac, p. 2.

corps, *so lizié* ses yeux, *éne léroi* un roi, *to lédos* ton dos, *mo lérein* mes reins, *so labouce* sa bouche, *so labec* son bec, *éne la-z-oie* une oie, etc.

2° Ex. : *éne dipain* un pain, *éne mauvés dilhouile* une mauvaise huile, *éne bon douriz* un bon riz, *éne dibois* un morceau de bois, *disouif* suif, *divin* vin, *difé* feu, *di-z-éfe* œuf, etc.

3° Ex. : *éne zanimau* un animal, *zhabit* habit, *zoréye* oreille, *zaffére* affaire, *zimaze* image, *zenfant* enfant, etc.

4° Ex. : *nhabit* habit, *náme* âme, fantôme.

5° Ex. : *asoir* soir, *acote* où (à côté), *azourdi* aujourd'hui, *aulière* au lieu de, *enbas* sous, etc.

REDOUBLEMENT.

Très fréquent en malgache, le redoublement y est tantôt intensif, tantôt minoratif, tantôt purement lexiologique.

Il en est de même en mauricien.

a) Redoublement intensif. Ex. : *vireviré* se tourner en tous sens, *battebatté* frapper à coups redoublés, *roderodé* aller çà et là, *longuelongue* très long, *à force béssebésse* à force de me baisser, *mo guétéguété* je regarde soigneusement, *bèlebèle* superbe, *causecausé* bavarder, *fraillefraillé* ferrailler, *éne 'catacata* une coquette.

b) Redoublement minoratif. *Ex.* : *éne guineguine* un tout petit peu, *blanblanc* blanchâtre, *rouzerouze* rougeâtre, *fouca-fouca* un peu fou.

c) Redoublement purement lexiologique. Ex. : *nénez* nez, *lilit* lit, *louloup* loup, etc.

Le malgache redouble les noms de nombre pour exprimer la succession, le partage, etc. Ex. : *irairay* un à un, *folofolo* dix par dix. Le créole dit de même : *énéne* un à un, *sissesisse* par six, *dissedisse* par dix, etc.

GRAMMAIRE.

LE GENRE.

Le créole mauricien ne connaît pas la distinction générique, qui est étrangère au malgache.

S'il a préfixé aux noms tantôt l'article masculin *li, lé* (le), tantôt l'article féminin *la*, c'est que les nègres ont été induits à prendre pour des préfixes nominaux l'une et l'autre de ces particules, mais il est à remarquer que certains noms masculins en français ont reçu le préfixe *la*, ce qui exclut toute distinction du genre. Ex. : *lasabe* sable, *labec* bec, *lapartaze* partage, *lamarc café* marc de café, *lamance pioce* manche de pioche, etc.

Les adjectifs ont revêtu indifféremment, les uns la forme masculine, les autres la forme féminine. Ex. : *éne bon madame* une bonne dame, *éne vié bonnefemme* une vieille bonne femme, *éne lédos plate* un dos plat, *ça bonhomme-là sourde* ce vieillard est sourd.

LE NOMBRE DES NOMS.

En créole, comme en malgache, le nombre du nom est indiqué analytiquement par la préposition ou la postposition d'un nom de nombre, d'un adjectif, d'un adverbe, ce qui revient à dire que le nom n'a point de nombre.

C'est par erreur que M. Fried. Müller attribue au démonstratif *ny* ou *ni*, la fonction d'indiquer la pluralité. Celui-ci se prépose aussi bien à des noms représentant plusieurs individus ou plusieurs objets qu'à des noms auxquels correspondrait en français un substantif au nombre singulier. Ex. : *ny zanaky Joary* les enfants de Joary, *ny trosa nay* nos offenses, *nay* notre père, *ny tompo* le maître, etc.

L'ARTICLE.

Bien que le malgache possède un pronom démonstratif faisant fonction d'article défini et se préposant au nom comme nos articles, les nègres transportés à Maurice n'en ont pas moins méconnu la fonction remplie par *le, la, l'*, puisqu'ils ont, ainsi que nous l'avons vu, préfixé et soudé ces particules à la plupart des noms français créolisés. C'est, vraisemblablement, qu'ils ont cru voir dans ces articles des préfixes nominaux analogues à ceux qui, en malgache, servent à dériver un très grand nombre de noms, soit des verbes, soit des adjectifs.

Comme l'article défini malgache est invariable, les mutations vocaliques de nos articles « le, la les » auront occasionné la méprise.

LES PRONOMS PERSONNELS.

Le malgache possède deux séries composées : l'une, de pronoms-sujet ; l'autre, de pronoms-objet.

Pronoms-sujet.			Pronoms-objet.		
Sing.	1.	*izaho, zaho, aho.*	Sing.	1.	*Ko, ahy.*
	2.	*hianao, anao.*		2.	*nao, ao.*
	3.	*izy.*		3.	*ny, ry.*
Pl.	1.	Inclusif *izikia.*	Pl.	1.	*anay, nay.*
	1.	Exclusif *izahay.*			?
	2.	— *hianareo, anareo.*		2.	*nareo.*
	3.	— *ireo.*		3.	*reo.*

Le créole mauricien distingue, aux deux premières personnes du singulier seulement, les pronoms régis par le verbe (*moi, toi*) des pronoms régis par le nom, ces derniers faisant fonction de pronoms-sujet (*mo, to*).

Sing.	1.	*moi* — *mo.*	Pl.	1.	*nous, nous zaute.*
	2.	*toi* — *to.*		2.	*vous, zaute.*
	3.	— *li.*		3.	*zaute, eux zaute.*

Les nègres ont trouvé dans la construction française de l'adjectif « autre » avec le pronom *nous*, l'équivalent du pluriel inclusif. « De même, dit M. Baissac, que notre français familier construit « autres » après les pronoms « nous, vous », le créole dit : *nous zaute, vous zaute*; mais, tandis que le pronom *nous* persiste toujours, le pronom *vous* se sous-entend volontiers. Ex. : j'irai avec vous, *mo va alle av zaute.*

LES ADJECTIFS POSSESSIFS.

Les adjectifs possessifs du français ont été remplacés, sauf à la troisième personne du singulier, où *so* (*son, sa*) s'est maintenu, par les pronoms personnels : *mo, to, nous, vous, zaute.* Ex. : *mo lacase* la maison de moi, *to lacase* la maison de toi, *so lacase* la maison de lui, d'elle ; *nous lacase* la maison de nous, *vous lacase* la maison de vous ; *zaute lacase* la maison d'eux, d'elles.

En malgache, les pronoms de la seconde série se postposent au nom possédé. Ex. : *trano ko* la maison de moi, *trano nao* la maison de toi ; *trano ny* la maison de lui, d'elle, etc.

Le changement de place du pronom que l'influence de la syntaxe française a imposé au créole, est un fait sans importance aucune, car nous verrons plus loin que les pronoms-sujet se préposent ou se postposent au verbe.

LES PRONOMS RÉFLÉCHIS.

Dans le parler mauricien, comme dans le malgache, les pronoms réfléchis sont remplacés par les expressions concrètes : mon corps, ton corps, son corps, etc.

Créole — Ex. : *mo va touye mo lécorps* je me tuerai.

Malgache — *tia tena nao* tu aimes ton corps, tu t'aimes toi-même.

LES PRONOMS PERSONNELS RÉGIS PAR LE VERBE.

Les pronoms personnels régis sont toujours postposés.

Parler de Maurice. — Ex. : *vous haye nous* vous nous haïssez, *so méte done li* son maître lui donne, *li dire zaute* il leur dit, *mo done toi* je te donne, etc.

Malgache. — Ex. : *zaho mavelong nao* je te remercie, *zanahary nahoume nay amiroe* Dieu nous a donné une âme, *mi-tia ko anao* je t'aime, *tia ko izy* je l'aime, etc.

LES PRONOMS RELATIFS.

Parler de Maurice. — « Le créole ne connaît que le pronom *qui*, et cet unique pronom suffit à traduire toutes les formes françaises « qui, que, dont, auquel » tant au pluriel qu'au singulier, au féminin qu'au masculin. » Ex. : *éne doumounde qui manzé* quelqu'un qui mange, *préte li larzent qui vous bisouin* empruntez-lui l'argent dont vous avez besoin; *qui vous après rôdé* que cherchez-vous?

Malgache. — « Beaucoup de pronoms relatifs (qui, que, dont, à qui, par qui) se sous-entendent, quand le sens de la phrase n'a pas à en souffrir et que le contexte permet que cela se fasse sans qu'il en résulte d'équivoque. Quand on veut donner un sens plus clair, exempt de toute ambiguïté, on emploie le pronom relatif *izay* (¹). »

LA RELATION DITE DU GÉNITIF.

Cette relation s'exprime dans les deux idiomes : 1° en préposant le nom possédé au nom possesseur ; 2° en affectant le nom possédé du pronom de la troisième personne.

Parler mauricien. — Ex. : *lacase léroi* la maison du roi, *so mâle cardinal rouze* le mâle du cardinal est rouge, *so pitit ppâ Azor* l'enfant de papa Azor.

Malgache. — Ex. : *ny teny sakaiza ko* les paroles de mon ami, *volom olona* la vie de l'homme, *trano ny ny sakaiza ko* la maison de mon ami, *anara ny ny zanaka* le nom de l'enfant, *raf ny olona* la race des hommes.

LE VERBE.

Il y a, en malgache, deux conjugaisons : 1° celle du verbe nu ou passif ; 2° celle du verbe muni de préfixes.

I. Conjugaison du verbe nu ou passif.

On a vu plus haut que, dans sa forme première, le verbe est une sorte de participe passé se conjuguant à l'aide des pronoms personnels de la seconde série. Ex. : *tia ko* aimé de moi, par moi, j'aime ; *tia nao* aimé de toi, par toi, tu aimes ; *tia ko izy* aimé de moi lui, je l'aime ; *vono ko izy* tué de moi lui, je le tue ; *hindri-o izy* soit poursuivi lui, poursuivez-le !

Le passé et le futur sont formés analytiquement et grossièrement par la préposition de deux particules : *no tia ko izy* anciennement aimé de moi lui, je l'ai aimé ; *ho vono ko izy* pour tué de moi lui, je le tuerai.

En réalité, le verbe nu ou passif ne se distingue point du

(¹) Marre-de-Marin, §§ 253, 254.

nom; c'est pourquoi, il se conjugue à l'aide des pronoms qui tiennent lieu d'adjectifs possessifs : *trano ko* maison de moi, *tia ko* amour de moi; *tia ko* aimé de moi, j'aime.

Tel a été primitivement le verbe dans toutes les langues de la famille maléo-polynésienne. « Mais, ainsi que le dit M. Fried. Müller, il s'est produit dans la branche malaise à laquelle appartient le malgache, un effort énergique vers la distinction phonétique du verbe et du nom. Tandis que, dans les langues polynésiennes et dans la plupart des langues mélanésiennes, le nom, abstraction faite des particules qui servent à déterminer la place occupée dans la phrase par chacune des parties du discours, ne se distingue point phonétiquement du verbe, puisque le plus souvent un seul et même thème s'emploie, tantôt comme nom et tantôt comme verbe sans éprouver aucune variation phonétique, nous trouvons dans les langues malaises un effort manifeste pour distinguer phonétiquement le nom d'avec le verbe avant que l'un et l'autre soient engagés dans des relations syntaxiques (1). » C'est au moyen d'affixes et notamment de préfixes, que s'opère la distinction. Ainsi, par exemple, de *tia* « amour, aimé, aimer », le malgache forme les noms *ha-tia, fi-tia* « amour » et les verbes *mi-tia, man-ka-tia* « aimer »; de *deha* « marche, pas, passé, passer », les noms *fan-deha* marche, *mpan-deha* marcheur, et le verbe *man-deha* marcher.

II. Conjugaison du verbe muni de préfixes.

Le thème verbal, invariable à toutes les personnes, se conjugue : 1° au présent, à l'aide du préfixe de l'infinitif et des pronoms de la première série : *mi-tia* aimer, *zaho mi-tia* ou *mi-tia aho* j'aime; 2° au passé, à l'aide de la particule *no* fondue avec le préfixe de l'infinitif : *n-i-tia* pour *no-mi-tia*; 3° au futur, à l'aide de la particule *ho* fondue avec le préfixe de l'infinitif : *h-i-tia* pour *ho-mi-tia*.

(1) Fried. Müller, t. II, p. 105.

a) Conjugaison du verbe *mi-tia*, d'après Chapelier.

Présent.

Sing.	1.	*zaho mi-tia.*	Pl.	1.	*zahay mi-tia.*
	2.	*anao mi-tia.*		2.	*anareo mi-tia.*
	3.	*ri mi-tia.*		3.	*reo mi-tia.*

Passé.

Sing.	1.	*zaho ni-tia.*	Pl.	1.	*zahay ni-tia.*
	2.	*anao ni-tia.*		2.	*anareo ni-tia.*
	3.	*ri ni-tia.*		3.	*reo ni-tia.*

Futur.

Sing.	1.	*zaho ho-tia.*	Pl.	1.	*zahay ho-tia.*
	2.	*anao ho-tia.*		2.	*anareo ho-tia.*
	3.	*ri ho-tia.*		3.	*reo ho-tia.*

Chapelier forme le futur irrégulièrement, car *ho-tia* appartient à la conjugaison du verbe nu ainsi qu'à celle du verbe passif proprement dit : *ho tia ko* j'aimerai ; *ho sahiranina aho* je serai tourmenté. Je relève, dans sa grammaire, les formes qui suivent : *man-deffou* sagayer, *zaho ho-deffou* je sagaierai ; *maha* pouvoir, *zaho ho maha* je pourrai ; *mampipoulo* renvoyer, *zaho ho mampipoulo* je renverrai.

b) Conjugaison du verbe *man-disa* piler, d'après M. Marre-de Marin.

Présent.

Sing.	1.	*man-disa aho.*	Pl.	1.	*man-disa* { *izika.* / *izahay.* }
	2.	*man-disa hianao.*		2.	*man-disa hianareo.*
	3.	*man-disa izy*		3.	*man-disa ireo.*

Passé.

Sing.	1.	*nan-disa aho.*	Pl.	1.	*nan-disa* { *izika.* / *izahay.* }

	2.	*nan-disa hianao.*		2.	*nan-disa hianareo.*
	3.	*nan-diza izy.*		3.	*nan-disa ireo.*

Futur.

Sing.	1.	*han-disa aho.*	Pl.	1.	*han-disa* { *izika.* / *izahay.*
	2.	*han-disa hianao.*		2.	*han-disa hianareo.*
	3.	*han-disa izy.*		3.	*han-disa ireo.*

c) Conjugaison du verbe *haro* mêler, d'après M. Fried. Müller.

Présent : *mang-haro aho* ou *izaho mang-haro.*

Passé : *nang-haro aho* ou *izaho nang-haro.*

Futur : *hang-haro aho* ou *izaho hang-haro.*

La conjugaison du verbe mauricien procède de la conjugaison du verbe nu ou passif; mais, le créole, influencé par la syntaxe française, a retenu de la conjugaison du verbe muni de préfixes, la faculté de préposer les pronoms personnels. Soit le verbe *manzé* manger.

Présent.

Sing.	1.	*mo manzé.*	Pl.	1.	*nous manzé.*
	2.	*to manzé.*		2.	*vous manzé.*
	3.	*li manzé.*		3.	*zaute manzé.*

Malgache : *tia ko, tia nao, tia ny* ou *ry, tia nai, tia nareo, tia reo.*

C'est précisément parce que *mo manzé* équivaut à « mangé de moi » que le pronom régi revêt la forme subjective *moi, toi* au lieu de la forme objective *mo, to. Mo manzé toi* mangé par moi toi. L'analogie avec le malgache *tia ko anao* « aimé par moi toi » est frappante.

Passé.

Sing.	1.	*mo té manzé.*	Pl.	1.	*nous té manzé.*
	2.	*to té manzé.*		2.	*vous té manzé.*
	3.	*li té manzé.*		3.	*zaute té manzé.*

Malgache : *no tia ko, no tia nao,* etc.

La particule *té* (été) n'est qu'un simple indice temporal remplissant la même fonction que *no* malgache.

Futur.

Sing 1.	*mo va manzé.*	*mo pour manzé.*
2.	*to va manzé.*	*to pour manzé.*
3.	*li va manzé,* etc.	*li pour manzé.*

Malgache : *ho tia ko, ho tia nao*, etc.

La forme *mo pour manzé,* issue du provincialisme « je suis pour », a été créée avec d'autant plus de facilité qu'en malgache « la particule *ho* marque le but, le souhait, et que souvent elle joue le rôle de la préposition française : pour » (1).

LES AUTRES TEMPS.

Le créole possède un passé absolu formé par la préposition au thème verbal de *fine* « fini », et un plus-que-parfait formé par la préposition des deux particules *té* et *fine*. Ex. : *mo fine manzé* j'ai mangé, j'ai fini de manger; *mo té fine manzé* j'avais mangé, j'eus mangé; *mo fine fini* j'ai fini.

Le créole possède, en outre : 1° un passé récent : *mo féque manzé* je ne fais que de manger, je viens de manger; 2° un futur antérieur formé par la préposition de *va* et de *fine*. Ex. : *mo va fine manzé* j'aurai mangé.

Malgache. — « *Efa* est un participe-racine qui signifie « fini ». Ce mot est très usité... Il sert à former le plus-que-parfait : *efa ni-ambina alina* j'avais fini de veiller... *Efa* suivi de *ho* ou de *h* désigne un futur très prochain : *efa ho roso izy* il est sur le point de partir.

L'emploi de *fine* comme indice temporal a été suggéré aux nègres par le souvenir du malgache *efa*.

(1) Marre-de Marin, §§ 169, 170.

LE VERBE NÉGATIF.

Dans les deux idiomes, le verbe négatif est formé par la préposition d'un adverbe de négation au thème verbal : *napas* (il n'y a pas) en créole, *tsy* en malgache.

Créole. — Ex. : *mo napas coné* je ne connais pas ; *li napas va causé* il ne parlera pas, *zaute napas pour sourti* ils ne sortiront pas.

Malgache. — Ex. : *tsy hita ko* je ne vois pas, *zaho tsy mety* je ne veux pas.

LE VERBE PASSIF.

M. Fried. Müller a mis en relief l'une des particularités du malgache en disant : « Die passive Construction ist in den malayischen Sprachen sehr beliebt, und wird selbst in Fällen verwendet wo sie nach unserer Auffassung beinahe unmöglich erscheint [1]. »

Non seulement l'emploi du verbe nu, qui est en réalité un verbe passif, s'est conservé à côté de celui des verbes munis de préfixes, mais encore il existe, dans cette langue, une conjugaison passive proprement dite, laquelle a pour thème le participe passé. Ex. : *sahiranina aho* je suis tourmenté ; *no sahiranina aho* j'ai été tourmenté ; *ho sahiranina aho* je serai tourmenté.

Créole mauricien. — « Le verbe « être » n'existant pas... il semblerait que le passif dût être inconnu au créole. Il n'en est rien cependant. L'emploi du passif est fort rare, il est vrai, et, dans la très grande majorité des cas, le créole rétablit la tournure active. Ex. : je suis aimé de mon fils *mo garçon content moi*. Mais, il est des cas où la construction passive

(1) *Grundriss der Sprachwissenschaft*, t. II, p. 186.

est manifeste. Ex. : vous n'êtes pas assez couvert, étendez sur vous cette couverture, *vous napas assez couvert, tale tapis la lahaut vous*. De même qu'on disait : *mo malade* pour « je suis malade », on dit ici : *vous couvert* pour « vous êtes couvert ». Or *mo couvert* veut dire : à l'actif « je couvre » ; au passif, « je suis couvert »... Il est un cas où la phonétique vient fournir un élément à la clarté. La plupart des verbes terminés en *é* font de cet *é* un *e* muet quand la prononciation les lie au complément qui suit : ainsi, *to manzé* tu manges, mais *to manze posson* tu manges du poisson ; de même, *mo tombé* je tombe, mais *mo tombe dans dileau* je tombe dans l'eau ; *li mété* il met, *li méte souliers* il met des souliers. Ce changement de l'*é* fermé en e muet n'a pas lieu quand ces verbes sont employés au sens passif. Ainsi, *mo té manze av lamain* j'ai mangé avec la main, mais *tout lanouite mo disang té manzé av pinéze* toute la nuit mon sang a été mangé par les punaises ; l'*é* fermé conservé en dépit du complément qui suit montre que le verbe est un passif (¹). »

LE VERBE SUBSTANTIF.

Le malgache possède un verbe substantif impersonnel affirmatif : *misy* « il y a » et un verbe substantif impersonnel négatif *tsi ary* (*tsy ary*) « il n'y pas ». Ex. : *misy vidsi* il y en a peu, *misy androu tsara* il fait grand jour, *misi-a fahazavana dia nisy ny fahazavana* que la lumière soit et la lumière fut ; *alahady tsy ary indroy amy ny herinandro* il n'y a pas deux dimanches dans la semaine.

De même, le créole mauricien possède deux verbes impersonnels : 1° *éna* ou *jéna* et aussi *gagné* « il y a » ; 2° *napéna* (*napas éna*) « il n'y a pas ». Ex. : *jéna éne bondié* il y a un Dieu, *té éna éne fois* il y avait une fois ; *pour éna laplie asoir* ou *pour gagne laplie asoir* il y aura de la pluie ce soir.

(¹) Baissac, p. 30 et suiv.

Ni le créole ni le malgache ne possède de verbe substantif proprement dit, aussi la copule est-elle toujours sous-entendue dans les deux idiomes.

Parler de Maurice. — Ex. : *mo malade* je suis malade, *acause to plis vié* parce que tu es plus vieux, *li çagrin* il est triste.

Malgache. — Ex. : *kely aho* je suis petit, *marary aho* je suis malade, *iou zaka* cela est juste.

L'AUXILIAIRE AVOIR.

Le malgache possède un verbe *mahazo* « avoir, posséder, obtenir, jouir, pouvoir » dont le primitif *azo* « eu, obtenu, gagné, pu », employé comme auxiliaire, c'est-à-dire placé devant un autre verbe, signifie « pouvoir ». Ex. : *tsy ho azo avoaka izy* ou *tsy azo havoaka izy* on ne pourra pas le faire sortir ; *tsy azo andriana* on ne peut pas dormir.

Parler de Maurice. — Le verbe « avoir », qui lui a fourni l'impersonnel *éna* ou *jéna* (il y en a), n'est jamais employé comme auxiliaire.

P.-S. — Le premier fascicule du tome XVI de la *Revue de Linguistique*, paru hier 15 février, renferme une version du *Conte du Chat botté* en patois créole de l'île de la Réunion. J'y relève, à la hâte, quelques particularités phonétiques plus complètement malgaches que celles de même nature qui caractérisent le parler mauricien.

M. J. V. fait remarquer « que le langage créole de l'île de la Réunion, formé dans la bouche des anciens esclaves malgaches (service domestique des cases) et cafres (service cultural extérieur), est caractérisé par l'accentuation générale des pénultièmes et par l'harmonisation des voyelles suivantes avec a voyelle accentuée. *Botte, chatte, maître,* font *boto, çatta, mété,* avec *o, a, é* finales sourdes ». Dans sa *Grammaire malgache,* M. Marre-de Marin décrit le même phénomène, en ces termes : « § 24. Chaque mot a son accent tonique. Cet accent porte presque toujours sur la voyelle faisant partie de la pénultième syllabe, et donne à cette voyelle une prononciation un peu plus forte qu'aux autres. — § 21. Si les syllabes muettes suivent une syllabe accentuée, leur voyelle perd sa valeur propre et se prononce comme un écho de celle qui porte l'accent dans la syllabe précédente. Ex. : *róka* « fade » se prononce presque *róko.* — § 22. Dans toute syllabe finale suivant immédiatement une syllabe accentuée, la voyelle a un son presque imperceptible qui peut être changé en celui d'une autre voyelle, et très souvent elle n'est qu'un écho de celle de la syllabe précédente. »

Le créole de la Réunion empêche régulièrement la rencontre des consonnes par l'intercalation d'une voyelle très-brève, Ex. : *boulanc* blanc, *pilis* plus, *bilé* blé, *pilaine* plaine, *soulidat* soldat, *compiliment* compliment, *liguilise* église, *pilein* plein, *tourouas* trois, *paritaza* partage, *férémé* fermer, *çaguirin* chagrin, *garand* grand, *gouros* gros, *firére* frère, *quérévé* crever, *tourouvé* trouver, *garidien* gardien, *mérici* merci, *lissicalié* escalier, *zissitoira* histoire, etc.

Dans un grand nombre de mots, la voyelle *o* (*au*) a été remplacée par la voyelle *ou.* Ex. : *bounhoumou* bonhomme, *coumou* comme, *doune* donne, *moun* mon, *dourimi* dormir, *boucoup* beaucoup, *souriti* sortir, *countent* content, *doumistiqui* domestique, *pouroumené* promener, *zouli* joli, *souricié* sorcier, etc.

POST-SCRIPTUM

Pendant l'impression de cet essai, j'ai découvert que la question des patois créoles a été abordée successivement par MM. Bertrand-Bocandé, P. Meyer, Dr Bos, E. Tesa, Ad. Coelho, Hugo Schuchardt.

I

Dans une *Note sur la Guinée portugaise ou Sénégambie méridionale* (1), M. Bertrand-Bocandé considère le créole portugais comme étant une « altération de la langue portugaise », et voici comment il explique la formation de ce dialecte : « On conçoit que des hommes accoutumés à se servir d'un idiome aussi simple (2) ne purent facilement élever leur intelligence au génie d'une langue européenne. Quand ils furent en contact avec les Portugais et forcés de s'entendre avec eux, en parlant une même langue, il a fallu que l'expression variée des idées acquises pendant tant de siècles de civilisation se dépouillât de sa perfection pour *s'adapter* aux idées naissantes et *aux formes barbares du langage des nations à demi sauvages*. Le mot adopté dut conserver toujours le même son, et perdre ces désinences variées qui servent à distinguer les nombres, les genres, les pronoms, les temps ou les modes ;

(1) *Bulletin de la Société de géographie de Paris*, 1849.

(2) Quel est cet idiome si simple ? N'ayant pu me procurer le tome XII du *Bulletin de la Société de géographie*, j'ai dû me contenter d'un extrait de la note de M. B.-B. inséré par M. Coelho dans un mémoire publié, en 1880, dans le *Bulletin de la Société de géographie de Lisbonne*.

il fut soumis seulement aux transformations absolument indispensables au discours, pour qu'il ne devînt pas uniquement des sons insignifiants. Il se fit même un *retranchement graduel* de toutes ces modifications qui servent à exprimer les diverses nuances de la pensée, et quand il ne fut plus possible de rien retrancher pour conserver le discours encore intelligible, l'idiome fut fixé dans *sa grammaire particulière* devenue aussi *simple* que peuvent le permettre les règles de la grammaire générale de toute langue. Il exista alors ce que l'on appelle la langue créole portugaise. »

Si M. Bertrand-Bocandé avait comparé méthodiquement la grammaire particulière du créole portugais à celle de quelqu'une des langues parlées par les nègres de la Guinée, il se fût convaincu que l'adaptation du portugais aux formes barbares du langage des nations à demi sauvages s'est faite par la substitution de la grammaire guinéenne à la grammaire portugaise, et non par un retranchement graduel des désinences variées servant à distinguer les nombres, les genres, etc.

II

Après avoir comparé le créole de la Trinidad à celui de Maurice, M. P. Meyer [1] estime que la formation de ces deux dialectes présente des analogies avec la formation des langues romanes. Mais, ajoute-t-il, « os negros, quando aprenderam o francez, estavam habituados a uma *lingua absolutamente différente* e nunca souberam mais que as palavras e as formas mais usuaes de seu novo idioma, emquanto o latim vulgar de que sairam por desenvolvimentos individuaes e locaes as linguas romanicas, foi sempre um idioma sufficientemente completo, cujas transformações foram assás lentas para que as lacunas tenham tido tempo de se encher facilmente ao passo

[1] *Revue critique*, 1872. Je ne connais de l'article publié par M. P. Meyer que l'extrait donné en portugais par M. Coelho.

que se formaram ». C'est la contexture des divers temps composés du dialecte mauricien qui a suggéré à M. P. Meyer la pensée de rapprocher la formation du créole de celle des langues romanes. Cependant, ainsi que le constate M. Coelho, l'éminent philologue n'admet pas que la formation des dialectes de la Trinidad et de Maurice ait obéi à des lois parfaitement identiques : « Parece que o patois da ilha de França offerece, na deformação de francez, analogias con o da Trinidad que não são explicadas sufficientemente pela communidade do ponto de partida. »

Les analogies auxquelles M. P. Meyer fait allusion s'expliquent aisément par la parité du degré de développement auquel sont parvenues les langues de la Guinée et les langues malaises. M. Gustav Oppert (¹) donne pour les unes et les autres la même formule C B'V (concrete, heterologous, agglutinative). Mais, il y a aussi, entre les deux dialectes, des divergences notables, lesquelles sont dues à la différence des langues antérieurement parlées par les esclaves nègres importés dans les deux colonies. Malheureusement, M. P. Meyer a omis de rapprocher des patois créoles ces langues *absolument différentes du français.*

III

Suivant M. le Dʳ Bos (²), « Os diversos creolos francezes que se fallam nas Antilhas, na America, nas ilhas Mascarenhas, no Oceano Indico, têem todos um ar de familia, uma similhança ainda mais accentuada que a que existe entre as linguas neo-latinas, e devida provavelmente à sua maior mocidade e à sua maior proximidade da lingua mãe ».

La vérité est que tous les patois créoles français ont un

(¹) *On the classification of languages.* Madras, 1872.
(²) *Romania*, IX. Je ne connais de l'article de M. le Dʳ Bos que les extraits donnés en portugais par M. Coelho.

vocabulaire commun, mais qu'au point du vue grammatical et phonétique, les dialectes de l'Océan Indien (Réunion, Maurice) diffèrent sensiblement de ceux de l'Amérique (Guyane, Trinidad, Guadeloupe, Martinique). M. le Dr Bos a négligé, lui aussi, de comparer les patois créoles aux langues de la côte de Guinée et de Madagascar.

IV

M. Teza, auteur d'une étude sur le créole de Curaçao (1), incline à expliquer la formation des dialectes créoles par « uma accomodação das formas romanicas *á* GRAMMATICA *das linguas dos povos entre os quaes esses dialectos se formam* ». Mais, au lieu de s'adresser à la grammaire des langues africaines parlées antérieurement par les nègres transportés à Curaçao, le professeur italien vise la langue des aborigènes, sans faire d'ailleurs aucun rapprochement grammatical entre le créole négro-espagnol et le galibi ou l'arrouague. Il dit en effet : «... Poi sarebbe utile a conoscere quale dialecto vi parlassero gli aborigeni... Certo da questo breve studio sul Curassese saremo condotti a ristringere la opinione di Augusto Fuchs che lo spagnuolo, dominatore in tanta parte di America, non si mescolò a nessuna delle lingue indigene da formare uno nuovo dialetto. (Cfr. *Die romanischen Sprachen.* Halle, 1849, p. 7.) Non s'è mescolato ; ma il pensiero nazionale trascinò dietro a sè le forme spagnuole e gli avanzi; così che ne derivò una favella che non assomiglia certo a nessuno dei dialetti metapireneici. A me pare che uscirebbe un bel libro, ma da non farsi in Europa, chi si ponesse a ricercare come le lingue latine rimutassero ; il francese nel Canada, in Haiti ; il portoghese nel Brasile (2) e lungo le coste

(1) *Politecnico*, vol. XXI. Les citations sont extraites du mémoire de M. Coelho

(2) « Alguns eruditos brazileiros, conhecedores dos dialectos indigenas, admittem influencia grammatical d'estes dialectos sobre o portuguez de seu paiz. » (Coelho, p. 190.)

d'India; a Cuba, a Portorico e via via lo spagnuolo. *Sarebbe a discoprirsi la grammatica indigena; e dedurne le leggi dissolutive di quella parola,* là inerte o quasi che fu stromento a forti pensiero e alle grazie dell'arte in bocca a Dante, a Cervantes, a Voltaire. »

V

M. Ad. Coelho, auteur d'un important travail publié dans le *Boletim da Sociedade de Geografia de Lisboa* (¹), a formulé la thèse diamétralement opposée à celle que je maintiens, en ces deux propositions :

« 1° Os dialectos romanicos e creolos, indo-portuguez e todas as formações similhantes representam o primeiro ou primeiros estadios na acquisição de uma lingua estrangeira por um povo que falla ou fallou outra.

« 2° Os dialectos romanico-creolos, indo-portuguez e todas as formações similhantes devem a origem à acção de leis psychologicas ou physiologicas por toda a parte as mesmas, e não à influencia das linguas anteriores dos povos em que se acham esses dialectos. »

Il va de soi que M. Coelho n'a pas même songé à vérifier le mérite de ses affirmations par l'examen grammatical des langues antérieurement parlées par les nègres qui, aux XVIe et XVIIe siècles, furent transportés dans les diverses colonies.

VI

M. Hugo Schuchardt (²) a procédé autrement, et il lui a suffi de comparer le négro-portugais de San-Thomé à la langue nbundu d'Angola, pour découvrir entre les deux

(¹) *Os dialectos romanicos o neo-latinos na Africa, Asia e America.*

(²) *Kreolische Studien. I. Ueber das Negerportugiesische von S. Thomé (Westafrika).* Wien, 1882.

idiomes des concordances telles, qu'après avoir rappelé la seconde proposition de M. Coelho, il affirme la coopération de causes particulières aux causes générales toujours identiques à elles-mêmes. « Ich glaube, neben den allgemeinen Ursachen, haben hier doch noch besondere mitgewirkt. »

Il est vrai que M. Schuchardt se laisse aller à concéder que ces concordances pourront ne point paraître essentielles (nicht wesentlich). Mais s'il avait étendu le champ de la comparaison jusqu'aux diverses langues de la Guinée supérieure, je suis convaincu que ses conclusions eussent été aussi affirmatives que les miennes, car, au point de vue grammatical, le créole de San-Thomé constitue un dialecte africain à classer dans la famille des *nordwestlichen Negersprachen* plutôt que dans celle des langues bantu. On sait, d'ailleurs, que les nègres de la Guinée inférieure ou Congo se rattachent ethnologiquement, non à la race cafre, mais à celle de la Guinée supérieure, encore bien que leurs idiomes fassent partie du groupe linguistique bantu (¹),

Quoi qu'il en soit, je demanderai à M. Coelho comment on peut expliquer, en dehors de l'action exercée par les langues nègres, les faits grammaticaux qui suivent :

a) L'abolition de la catégorie du genre jusque dans les pronoms de la 3ᵉ personne du singulier.

b) La formation du pluriel des noms par la préposition ou la postposition du pronom de la 3ᵉ personne du pluriel.

c) La postposition aux noms de l'article défini et des démonstratifs.

d) L'expression de la relation dite du datif au moyen du verbe « donner » devenu simple particule : *da* à San-Thomé ; *ba* ou *baye* (bailler) à la Trinidad ; *gi* (give) à Surinam.

e) La formation du présent absolu à l'aide de la particule

(¹) Voir *Allgemeine Ethnographie* von Fried. Müller, p. 140.

ca, non seulement dans les colonies françaises, mais encore à San-Thomé.

f) L'élimination de l'auxiliaire « avoir ».

g) La préfixation d'une particule vocalique (*a* ou *i*) aux pronoms personnels régis, dans les dialectes de San-*Thomé* et du Cap-Vert, ainsi que dans le dialecte de la Guadeloupe, etc.?

L'antériorité à laquelle je croyais être en droit de prétendre appartient légitimement à M. le professeur Schuchardt, mais je me console de cette légère déconvenue, en voyant que les faits constatés par lui dans le négro-portugais, viennent à l'appui de la thèse que j'ai soutenue isolément, en opérant sur les dialectes négro-français.

Quand les progrès de la linguistique africaine auront permis d'étendre le champ des investigations, la vérité de cette thèse s'emposera aux linguistes qui n'ont pas songé à aller chercher la clé de la grammaire créole à la côte d'Afrique.

Nancy, le 16 mars 1883.

Lucien Adam.

Nancy, imp. Berger-Levrault et Cie.

www.ingramcontent.com/pod-product-compliance
Ingram Content Group UK Ltd.
Pitfield, Milton Keynes, MK11 3LW, UK
UKHW020412230726
13925UKWH00004B/1369